Was auf den Tisch kommt...

Sibylle Jargstorf

Was auf den Tisch kommt...

Ein Koch- und Lehrbuch zum einfachen aber vollwertigen Essen für Kinder und Eltern

EDITION
SCHANGRILA

Erste Auflage 1986

Umschlaggestaltung: Wolfgang Jünemann
Gesamtherstellung: Schneelöwe, Haldenwang
ISBN 3-924624-41-0

Printed in Germany

Inhaltsverzeichnis

Was auf den Tisch kommt

Für Johannes

Mein Kind ist ein schlechter Esser

Eine der häufigsten Klagen moderner Eltern heißt: Mein Kind ißt so schlecht! Weil es zuwenig ißt. Oder nicht aufißt. Oder nicht das ißt, was es essen soll. Oder immer das gleiche will...

Sollten wir nicht – statt unsere Kinder zu drangsalieren, erst einmal unsere eigenen Eßgewohnheiten hinterfragen?

- Wir essen bekanntermaßen zuviel. Und auch unsere Kinder überhäufen wir mit Essen. Unser heutiges Zuviel sind zwar nicht mehr so oft die Essensberge, die uns unsere Eltern noch auf den Teller geladen haben. Wir modernen Eltern übertreiben auf die feinere Art – indem wir unsere Kinder mit geballten »Werten« aus fertiger Kinderkost überhäufen, an deren Qualität wir blind glauben, nur weil sie sich ihrer zugefügten Vitamine und Mineralstoffe rühmt.
- Unser modernes Essen ist vielfältig im Äußeren – aber arm an inneren Werten und wir kranken an entsprechenden Mangelerscheinungen. Wir haben wenig Recht, die Wünsche unserer Kinder einseitig zu nennen – nur weil sie oft lieber *einfach* essen wollen.
- Wir überhäufen unsere Kinder vom ersten Lebenstag an mit ungeahnten Zuckermengen – verborgen in der scheinbar so gesunden Fertigkost. Und von einem gewissen Alter an jammern wir plötzlich, daß sie nur Süßes wollen...

Alles in allem – wir haben uns Eßgewohnheiten aufschwatzen lassen – sei es durch die Nahrungsmittelindustrie, sei es durch so manche »Fachleute« –, die weder natürlich, noch vernünftig, noch gesund sind.

Statt unseren Kindern viel vorzureden, sollten wir mit ihnen gemeinsam einüben, wieder einfacher und vollwertiger zu essen.

Dieses Buch soll ihnen und ihren Kindern eine Anregung sein,

- sich wieder auf sinnvolle Eßtraditionen zu besinnen,
- Eßentscheidungen wieder selbst in die Hand zu nehmen,
- zu entdecken, daß unser Essen keine »Privatsache« ist und daß einfaches Essen nicht nur gesund, sondern auch »Menschlich« ist.

> Wir können die Eßprobleme mit unseren Kindern natürlich auch anders angehen – und es wie die Zeitschrift Eltern, als vorübergehende »Trotzphase« betrachten, für die wir als moderne Eltern eben ein gewisses Verständnis aufbringen – zumal uns die Wissenschaftler ja auch darüber belehren, daß Kinder wirklich anders, nämlich intensiver schmecken, weil sie doppelt soviele Geschmackszellen haben wie wir Erwachsenen – und im übrigen darauf bauen, daß... Kinder sich im Verlauf ihrer Entwicklung mehr und mehr den Erwachsenen ihrer Umgebung anpassen... So ab 14 gehen sie beim Essen mit ihnen ziemlich konform. *Dann schmeckt dem Sohn der Schweinebraten genauso gut wie Papa...*
>
> (Eltern, Juli 1986)

Im nachfolgenden Text tauchen immer wieder bestimmte Symbole auf, die ich hier kurz erläutern möchte:

Weizen

Roggen

Gerste

Hafer

Mais

Hirse

Reis

Die verschiedenen Getreidesorten stehen für Vollkornkost

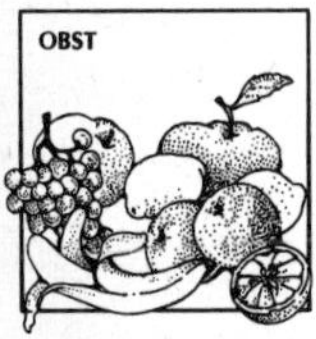

Obst allgemein
(je nach Kontinent werden natürlich sehr verschiedene Sorten gegessen)

Gemüse allgemein
(je nach Kontinent werden natürlich sehr verschiedene Sorten gegessen)

stärkehaltige Wurzelknollen (Kartoffeln, Süßkartoffeln...)

Hülsenfrüchte

Milch und
Milchprodukte

Mineralwasser

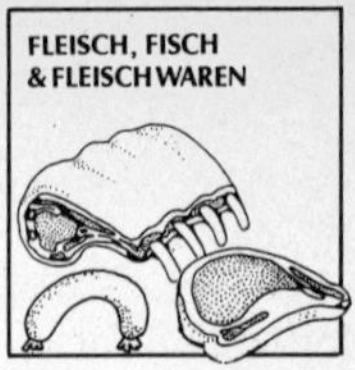

Fleisch/Fisch
und Fleischwaren

Nährmittel bzw. »veredeltes« Getreide

Gemüsekonserven

Obstkonserven
(Saft und andere)

Süßigkeiten
Marmeladen

»Erfrischungs«
getränke

Falsch verteilt

Wenn vom Hunger in dieser Welt die Rede ist, dann sind wir voller Mitgefühl.

Bereit zum Spenden – und bereit auch zu praktischen Erklärungen: Wir nennen als Ursachen für den Hunger gerne, daß in der 3. Welt zuviele Kinder geboren werden und daß sie dort nicht richtig wirtschaften können.

Wir finden das zwar sehr bedauerlich – aber sehen keinen Zusammenhang zwischen unseren übervollen Töpfen hier und den leeren anderswo.

Die Wirklichkeit sieht etwas anders aus:

- Es sind nämlich Jahr für Jahr genügend Nahrungsmittel da, um alle Menschen auf der Welt satt zu machen – *nur werden sie sehr ungerecht verteilt!*
- Rund die Hälfte des Ackerlandes in der 3. Welt wird mit Exportprodukten für uns bebaut.
- ⅓ der Weltgetreideproduktion wird als Futter für unser Schlachtvieh verwendet.
- ¼ der Weltbevölkerung (und zu diesem Viertel zählen auch wir) verbraucht die Hälfte der Weltgetreideproduktion.

Soviel wird jedes Jahr an hochwertigen Grundnahrungsmitteln geerntet...

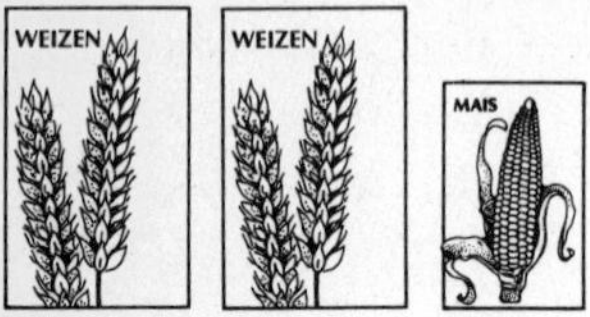

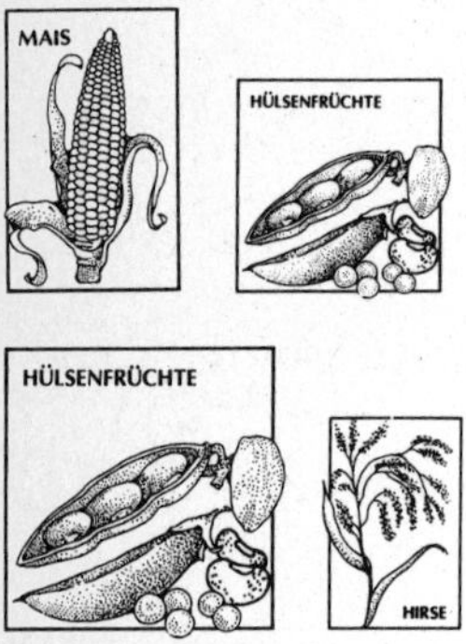

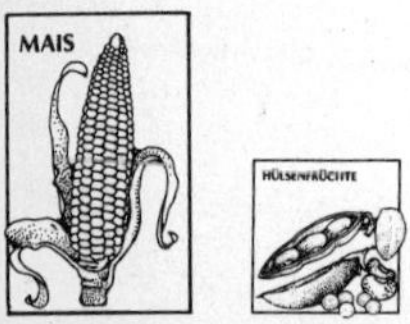

...genug, daß alle Menschen auf der Welt davon satt werden könnten.

Doch dann nimmt sich die »Veredlungswirtschaft« der Pflanzen an...

und es werden daraus...

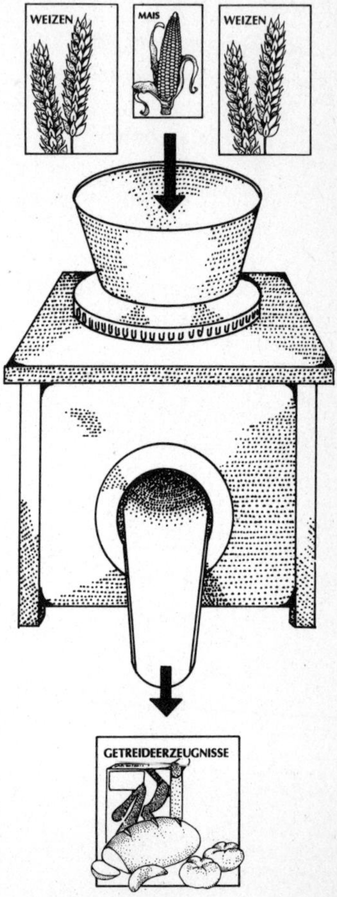

...Feinmehlprodukte

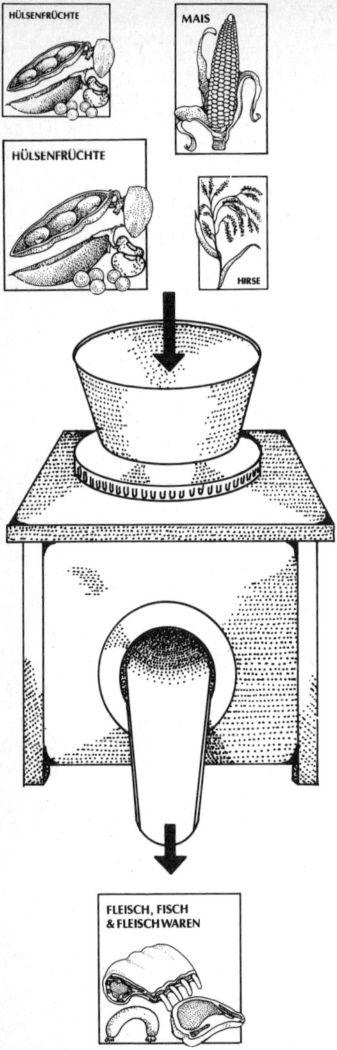

...Fleischprodukte...

Und weil soviel dazu
verarbeitet wurde, muß man
es jetzt auch teuer bezahlen...

und das kann eben nicht jeder!

Und so bekommt jeder das,
was er »verdient«...

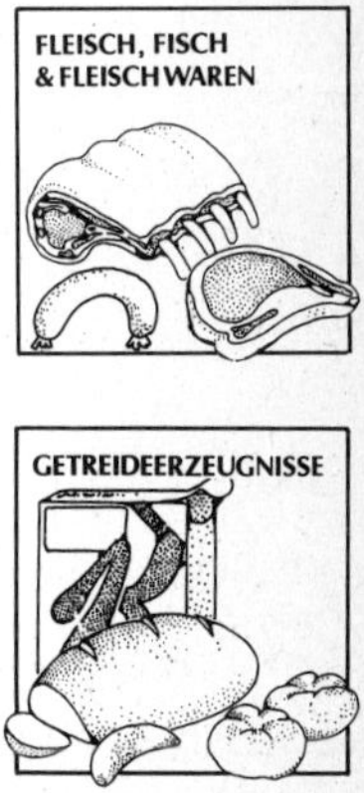

...die Reichen 4000 kcal

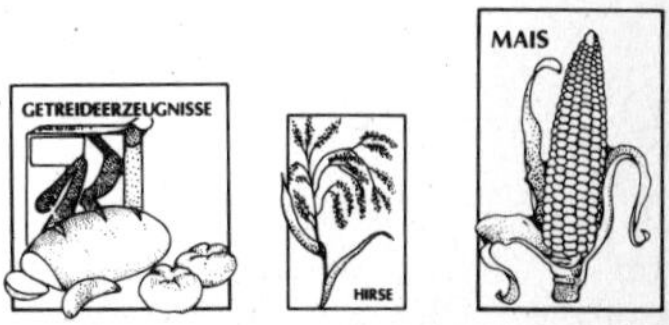

...die Armen
höchstens 2000 kcal

Für den einzelnen Menschen kann das dann (vereinfacht) so aussehen:

Ein bundesrepublikanisches Kind von 10 Jahren wird täglich mit mindestens 2400 kcal versorgt – und zwar in folgender Zusammensetzung:

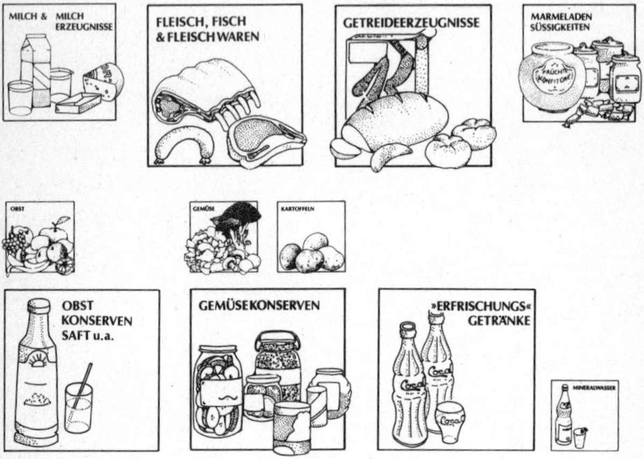

Für ein hungriges Kind in der 3. Welt bleiben eventuell folgende Nahrungsmittel und damit 700 kcal übrig:

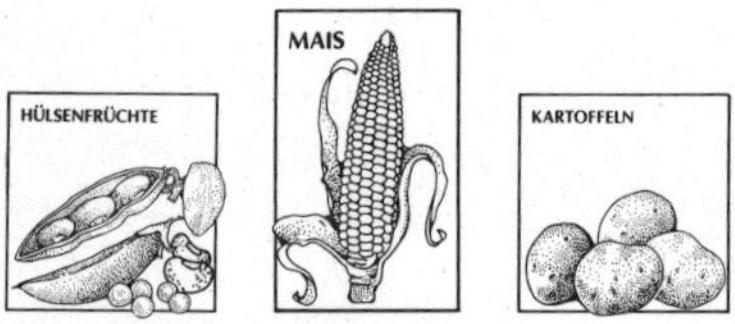

Wir lesen davon, daß die Nahrungsmittelproduktion nicht Schritt halte mit dem Bevölkerungswachstum, und lassen uns einreden, die Lösung des Problems liege allein in Geburtenkontrolle und Modernisierung der Landwirtschaft.

Doch was steckt eigentlich hinter der Aussage?

- Immer mehr Ackerland, das früher die einheimische Bevölkerung ernährt hat, wird für den Anbau von Exportprodukten in Beschlag genommen.
  In Südamerika werden aus Ackerland für Mais und Reis Zuckerrohrplantagen – in Afrika wird weniger Hirse und Maniok, aber 20% mehr Tee angebaut.

Und dieser Trend ist ungebrochen:

> Bleifrei mit Weizen
>
> Vorausgesetzt, daß sich Brüssel zu Steuerhilfen entschließt, würden Millionen Tonnen Weizen und Mais, Zuckerrüben und Kartoffeln durch Gärungprozesse in Aethanol verwandelt. Ein Liter Aethanol, mit 20 Liter Benzin gemischt, macht den Bleizusatz überflüssig und verleiht dem Treibstoff die gleiche Potenz und Klopffestigkeit.
>
> In den USA wird Aethanol bereits jetzt in größerem Umfang verwendet. Die italienische Handels-, Agrar- und Industriegruppe Ferruzzi hat in New Orleans ein Werk für 300 Millionen Mark gebaut. Es wird ab Anfang 1987 jährlich 160000 Tonnen Aethanol und 140000 Tonnen Futtermittel aus 450000 Tonnen Getreide herstellen. Diese Investition betrachtet Ferruzzi als Test für eine größere Serie europäischer Werke. Denn wenn in Europa ab 1989 nur noch bleifreies Benzin erlaubt ist, könnten hier 3,6 Millionen Tonnen Aethanol gebraucht werden. Die Agrarmanager aus Ravenna wollen dabei feste mithalten.
>
> New Orleans ist der große Lager- und Umschlagplatz für das Getreide, das Ferruzzi in den Ebenen des Mississippi aufkauft und zum Teil auch selbst anbaut. Hier verdiente der Firmengründer Serafino in den 50iger Jahren das erste große Geld, als er Nachkriegseuropa mit amerikanischem Weizen versorgte. Er starb vor fünf Jahren! Seine Gruppe hat 20%igen Anteil am gesamten europäischen Getreidehan-

del. In den USA ist seine Bedeutung seit vielen Jahren bekannt. Schließlich machen die Getreidehändler aus Ravenna die Hälfte ihres Jahresumsatzes von 15 Milliarden Mark in der neuen Welt. Erntezeit ist für Ferruzzi immer – denn wenn auf der nördlichen Halbkugel der Winter einzieht, *reift der Weizen in den brasilianischen und argentinischen Besitzungen der Gruppe.*

(aus Gröteke, 1985)

Auch in der BRD gibt es bereits Pilotanlagen für Bio-Aethanol. Welche Perspektiven!

Wir können wieder ruhig schlafen – weil auf diese Weise unsere leidigen EG-Überschüsse im Tank verschwinden – und die Menschen in der 3. Welt werden noch mehr Hunger haben.

So prognostiziert auch die FAO, daß die Entwicklungsländer zwar ihre Agrarexporte verdoppeln, die Nahrungsmitteldefizite dieser Länder aber gleichzeitig um 150% steigen werden!

Unersättlich

Wir *essen* »nur« etwa doppelt soviel wie die meisten Menschen.

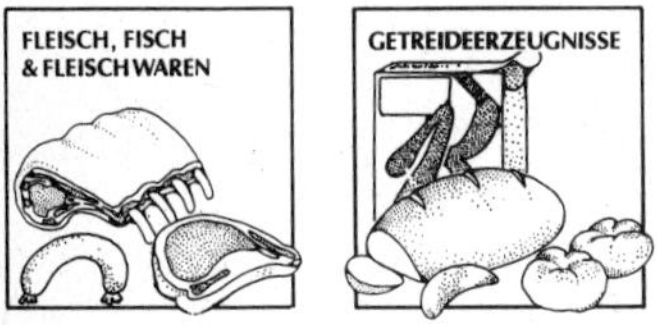

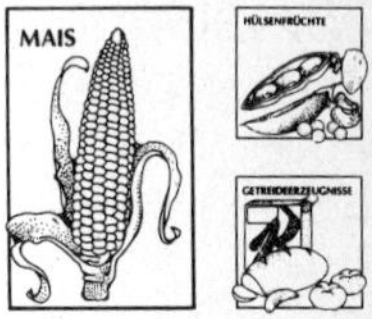

Wir: 4000 kcal

und die anderen: 2000 kcal

– aber wir *verbrauchen* täglich *fünf Mal soviel* Nahrungskalorien wie ein Mensch in der 3. Welt

Wir

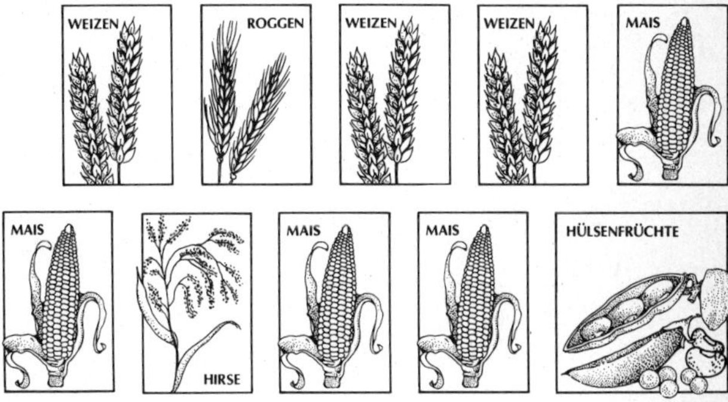

und die anderen

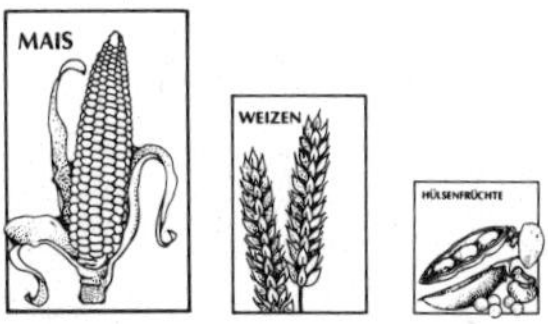

Wie ist das möglich?
Wir wissen zwar, daß wir keine bescheidenen Esser sind – aber so verfressen können wir doch auch nicht sein!?!?
Unsere »Veredlungswirtschaft« machts möglich:

Rund ein Drittel der von uns täglich verzehrten Nahrungskalorien sind tierischer Herkunft. Um aber eine tierische Kalorie zu gewinnen, müssen wir erst durchschnittlich sieben pflanzliche Kalorien in die Tiere hineinfüttern. Solange unsere Tiere Pflanzen und Abfälle fraßen – die uns Menschen als Nahrung nicht interessieren – erwuchs daraus kein Problem. Die moderne, industrielle Tierhaltung verfüttert aber fast ausschließlich Pflanzen, die auch als menschliche Nahrung sehr gut geeignet sind:

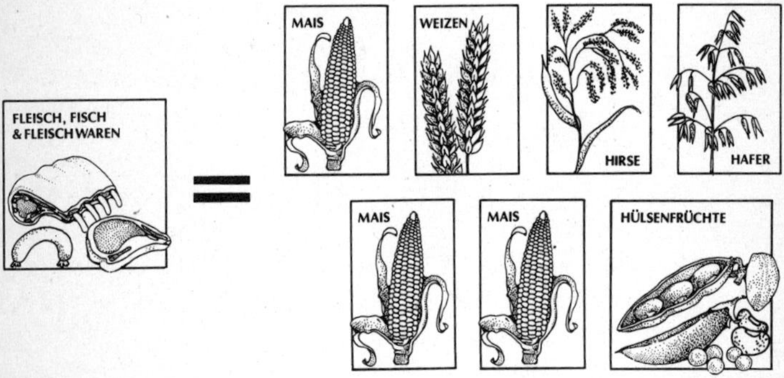

Mit diesem »Veredlungstrick« gelingt es uns doch tatsächlich, weit mehr zu essen, als wir eigentlich können: Wir »vernichten« auf diese Weise täglich rund 10000 kcal pflanzlicher Nahrung – eine Menge, von der drei Menschen gut satt werden könnten.

Stellen sie sich mal vor, sie müßten täglich 2 kg Getreide und 5 kg Kartoffeln essen – wäre das vielleicht eine lehrreiche Folter?!

Und unsere »Fleischeslust« ist ungebrochen.

Obschon sich immer mehr Gesundheitsfachleute sehr kritisch zu unserem überhöhten Fleischkonsum äußern, würden wir am liebsten noch mehr davon essen:

Mehr Haushaltsgeld – mehr Fleischmahlzeiten

Die Deutschen essen bekanntermaßen gerne Fleisch. Im vergangenen Jahr stieg der Verbrauch von Fleisch pro Kopf wieder über die 90-kg-Marke. Eine Untersuchung zeigt, daß die Bundesbürger gerne noch mehr Fleisch essen würden, wenn sie entsprechend mehr Geld dafür erübrigen könnten.

Im vergangenen Jahr stieg der Verbrauch von Schweinefleisch auf 51,2 kg. Trotz dieses bereits sehr hohen Verbrauchsniveaus würden viele Familien gerne mehr essen

Sehr deutlich sind die Zahlen auch für den Rindfleischverbrauch: Bei mehr Haushaltsgeld würden 28% der Bundesbürger gerne noch mehr Rindfleisch essen.

(aus: CMA-Spezial-Pressedienst, I 3/1985)

Fleisch schmeckt uns offensichtlich ganz besonders gut. Es ist aber nicht ganz einfach nur der Geschmack, der uns aufs Fleisch gebracht hat: Unsere heutige Fleischeslust ist nicht zu trennen vom historischen Hintergrund, auf dem sie sich entwickelt hat. Sie hat mindestens zwei Wurzeln: Die Eiweißbegeisterung der Wissenschaftler und unseren Drang zum sozialen Aufstieg, dessen eines Symbol das tägliche Fleisch war.

Der scheinbar zwingende Bedarf an »Fleisch-Eiweiß« ergibt sich nämlich nicht zuletzt aus den Bedarfsvorstellungen, um die sich die Wissenschaftler nun schon seit über 100 Jahren streiten. Begonnen hat dieser Streit besonders heftig: Da gab es die einen, die 120 g Eiweiß/Tag für eine unabdingbare Notwendigkeit hielten – aber auch die anderen, die 50 g/Tag für absolut ausreichend erachteten.

Uns mitteleuropäische »Aufsteiger« bestach das erste Extrem von 120 g Eiweiß/Tag – das kann man natürlich nur mit Fleischkost bewältigen. Und wir haben uns in diesem Jahrhundert redlich angestrengt, dieses Ziel auch zu erreichen:

Ein Pfund Fleischiges pro Tag – das schafft der erwachsene Bundesbürger spielend. Schon statistisch gesehen ißt ja jeder von uns schon fast 300 g – und wenn man dann bedenkt, daß Kinder und Senioren sicher weniger essen...

Die mindestens ebenso eiweißreichen Bohnen und Körner – die waren uns bei unsrem Aufstieg zu »schwere« Kost – die überließen wir lieber den Armen, den Erfolglosen.

Inzwischen kranken wir alle an dieser Eiweiß-Mast – und die Wissenschaftler haben durch unsere Krankheiten gelernt, wie falsch sie gerechnet haben.

Vielfalt – Einfalt

Aber es ist nicht nur unser Fleischkonsum, den wir als Fortschritt und Bereicherung erachten. Wir lassen uns auch an anderer Stelle einreden, unser Essen hebe sich vorteilhaft vom kargen Essen unserer Vorfahren ab:

Sie aßen tagein, tagaus das gleiche:

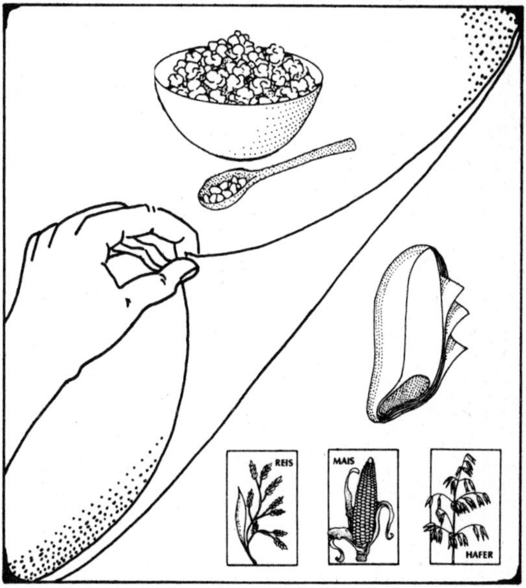

Doch was verbarg sich dahinter?
Das ganze Korn
– wohlgefügt
umhüllt von wertvollen
Begleitstoffen

Wir gönnen uns täglich
ein anderes...
individuelles
Geschmackserlebnis...

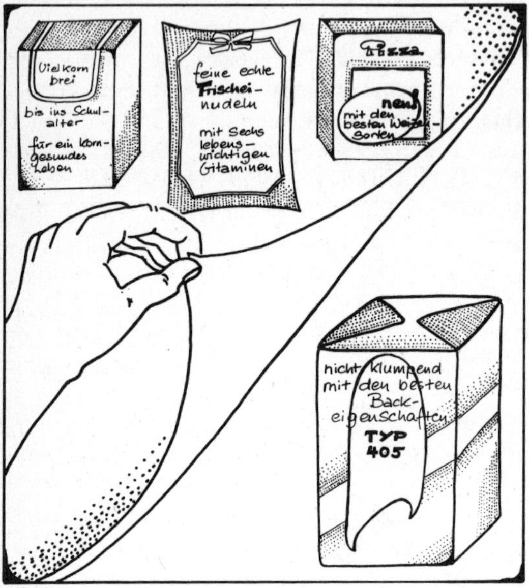

Doch was verbirgt sich
dahinter?
Das kastrierte Korn
umhüllt von einer
bunten Tüte

Unsere Vielfalt ist ein sehr vordergründiges Erlebnis!

(Selbst-)Betrug

Wir machen uns etwas vor – mit dieser modernen Vielfalt. Und wir betrügen unseren Körper damit:

Er ist dafür gebaut, »Hunger« zu signalisieren, aber auch »Sättigung«. Der entsprechende Regelkreis kann aber nur funktionieren, wenn der Körper seine Nahrung in der Form erhält, die er seit Jahrhunderttausenden kennt – wo ein Nährstoff immer auch von »füllenden« Begleitstoffen umgeben ist – seien es beim Grünzeug das Wasser und die Ballaststoffe, seien es bei den Körnern und Hülsenfrüchten vor allem die Ballaststoffe.

Mit den »veredelten« Nahrungsmitteln überlisten wir das System:

Wir essen beispielsweise täglich schon fast 150 g reinen Zucker – gut versteckt in Marmelade, Schokolade, Limonade, aber auch in den scheinbar so gesunden Nahrungsmitteln wie Kornflakes und Fruchtjoghurt.

Um eine vergleichbare Nährstoffmenge in einem natürlichen Zusammenhang zu essen, müßten wir *täglich fast 25 Äpfel* kauen! Das Stopsignal unseres Körpers käme zweifellos rechtzeitig.

Wenn wir dann die Folgen dieses Betruges spüren – Krankheit oder Übergewicht – dann rufen wir verzweifelt nach Hilfe und werden anfällig für jedes scheinheilige Hilfsangebot – als da sind Kleiebrote und kalorienreduzierte Lebensmittel und ähnliches mehr – Dinge, die aber auch nur Kunst-Kost mit dem Touch von Gesundheit sind! Dabei wäre die Lösung so einfach:

Gebt dem Körper, was zum Körper paßt:
Das *ganze* Lebensmittel

Unser Körper hat in hunderttausenden von Jahren gelernt, die Vielfalt der natürlichen Lebensmittel *in ihrem ganzen Gefüge* so zu verwerten, daß er das Beste für sich daraus macht. Und was machen wir:

Wir *zerstören* das Gefüge unserer Lebensmittel – und unser Körper reagiert *verstört*.

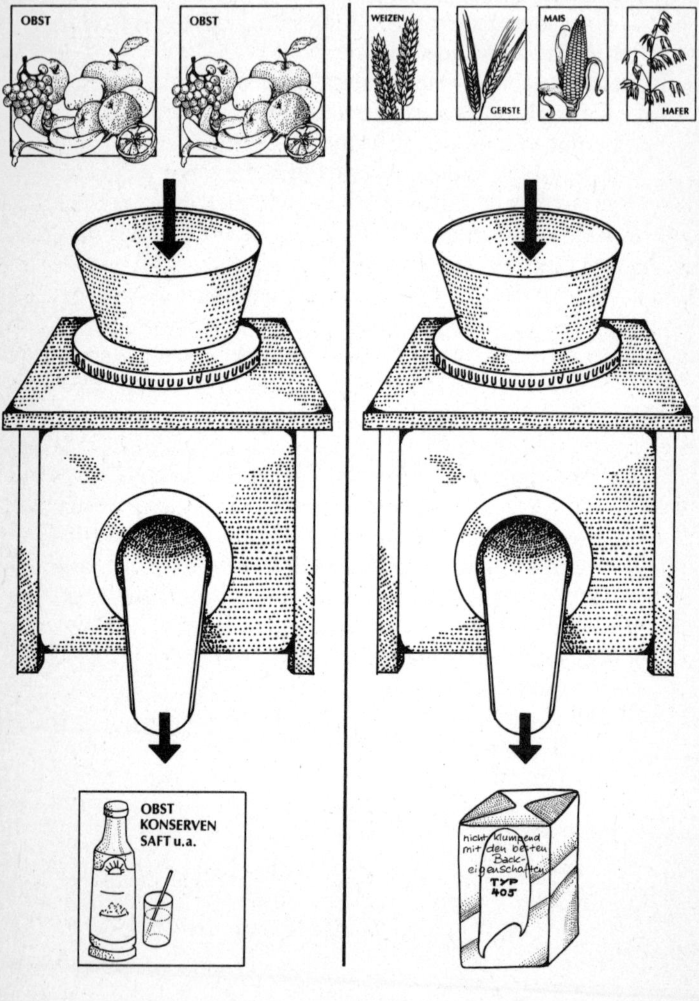

Wir zerstören das Gefüge und trennen die lebendigen, und deshalb leicht verderblichen, Begleitstoffe vom haltbaren Närstoff oder wir machen es durch übertriebene Verarbeitung haltbar: Das haltbare Nahrungsmittel ist ein praktisches Nahrungsmittel – praktisch vor allem für den Produzenten und für den Händler. Und damit wir Verbraucher wieder versöhnt werden, wird es »angereichert« – vorzugsweise mit den Stoffen, die gerade besonders im Gespräch sind. Deshalb gibt es seit neuestem auch einen Fruchtsaft mit Vitamin E – obschon dies Vitamin naturgemäß bei Früchten wenig zu suchen hat. Die Amerikaner sind uns hier schon wieder etwas vorraus: Vitamin E ist kaum noch im Gespräch – dafür ist dort ein »Selen-Boom« ausgebrochen. Selen ist ein Element, dessen lebenswichtige Bedeutung die Wissenschaftler erst in den letzten 10 Jahren verstärkt erforscht haben, deshalb kann es auch erst jetzt im »angereicherten« Nahrungsmittel auftauchen – in unserem uralten Apfel ist es schon immer vorhanden!

Wir Verbaucher haben uns einreden lassen, gebannt auf einzelne Wirkstoffe zu starren. Wir machen uns Sorgen um mg-weise Bedarfsdeckung – und könnten es doch so einfach haben: Wenn wir wieder das ganze Lebensmittel – sei es das ganze Korn, sei es der ganze Apfel... in das Zentrum unserer Ernähurng stellen würden, dann könnten wir alle diese absurden Sorgen vergessen.

Im ganzen Lebensmittel ist alles drin, was wir brauchen – vor allem, wenn wir uns wieder ein wenig darum kümmern, von wem unsere Lebensmittel stammen: Ob sie von einem Erzeuger stammen, der sich ein wenig Gedanken macht über vernünftige Pflanzenaufzucht.

Natürliche Vielfalt

Aber nicht nur die industrielle Verarbeitung verarmt unsere Nahrungsmittel – auch schon die gewachsene Vielfalt schrumpft:

> Drei Nutzpflanzen – Weizen, Reis, Mais – decken über 75% unseres Getreidekonsums ab.
>
> So ist es jedoch nicht immer gewesen. Der prähistorische Mensch ernährte sich von über 1500 Wildpflanzenarten. Die alten Ackerbaukulturen kannten mindestens 500 Hauptnahrungspflanzen. Im Zeitraum von 1000 Jahren hat sich die vegetabile Nahrungsvielfalt auf die 200 Arten verengt, die im Hausgarten gezogen werden, und auf *jene 80, die bevorzugt von den marktorientierten Anbauern kultiviert werden* (da wir unsere Narhungsmittel kaufen und nicht selber ziehen, leben wir allein von diesem Angebot – was durch die industrielle Verarbeitung dann noch weiter vereinheitlicht wird. A.d.V.) Die neuere Geschichte der Landwirtschaft ist die Geschichte der zurückgehenden Nahrungsvielfalt.
>
> (Mooney, 1981)

Vielleicht, weil wir uns zu wenig um sie kümmern?!?
Denn wie sehen unsere Kenntnisse über gewachsene Vielfalt aus? Wer von uns kann mehrere Kartoffel- oder Bohnensorten aus dem Stegreif nennen?

Wir kennen vor allen Dingen die Kartoffelsorte BINTJE – und kaufen sie zu 95%.

Eigentlich gibt es mehrere hundert Bohnensorten – wir essen (eventuell)

Weiße Bohnen
Pferdebohnen

In anderen Ländern kennt und ißt man (mindestens)

Butterbohnen (Riesenbohnen)
Cannellini-Bohnen
Weiße Bohnen
Azuki-Bohnen

Pferdebohnen
Lima-Bohnen
Ful Medames B.
Soja-Bohnen

Schwarze Bohnen
Kidney-Bohnen
Schwarze-Augen B.
Mungo-Bohnen

Borlotti-Bohnen
Wachtelbohnen
Grüne Bohnenkerne

Hand aufs Herz: Welche davon kennen Sie wenigstens dem Namen nach oder haben Sie vielleicht sogar schon gegessen?

Wenn wir nach natürlicher Vielfalt suchen, dann finden wir sie am ehesten dort, wo sich insbesondere bei der Landbevölkerung uralte Eßgewohnheiten erhalten haben – dort wo auch unsere Nahrungspflanzen eigentlich herstammen. Denn wir dürfen uns keine Illusionen über unsere eigene Agri-Kultur machen: Nur die Zuckerrübe ist bei uns gezüchtet worden – alle anderen uns so vertrauten Gemüse, Früchte, Getreide, Hülsenfrüchte... haben eine »exotische« Abstammung.

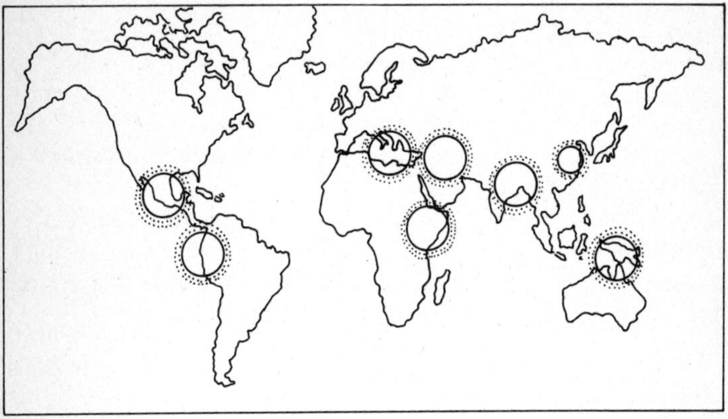

So etwa verteilt sich die Urheimat aller unserer Nahrungspflanzen auf der Erde – und entsprechend schauen wir uns im nachfolgenden in der Heimat einiger Kinder um:

- **Gacheri** lebt dort, wo unter anderem Weizen, Gerste und Zwiebeln aus Wildpflanzen gezüchtet wurden,
- **Enelia** dort, wo beispielsweise »unsere« Erdbeeren, Kartoffeln und Tomaten herstammen.
- **Rahda's** Heimat ist auch die Heimat von Kirschen, Äpfeln und Birnen, und in
- **Okani's** Heimat wurden schon vor Urzeiten Bohnen angepflanzt.

David gegen Goliath

Es ist mir nicht leicht gefallen, gerade diese Kinder auszuwählen – in Ländern, wo die Mehrheit der Menschen hungert. Diese Kinder hungern nicht, weil sie das Glück haben, dort zu leben, wo Menschen die Initiative zur Gestaltung ihres Alltags selbst in die Hand genommen haben.

Die Landbevölkerung in diesen Ländern bleibt oft genug außerhalb jeder offiziellen Entwicklungspolitik. Industrialisierung nach westlichem Vorbild und Großprojekte zwingen die Regierungen in einem unvernünftigen Ausmaß zu exportieren. Und um riesige Exportkulturen zu schaffen, werden die Kleinbauren von ihrem Land verdrängt.

Aber in Lateinamerika, Afrika und Asien organisieren sich immer mehr Menschen genossenschaftlich, und versuchen, wieder an die verschütteten Traditionen ihres Landes anzuknüpfen und den Kampf gegen die Großprojekte aufzunehmen.

Viele kleine Dinge
an vielen kleinen Orten
durch viele kleine Leute
können die Welt verändern,
(Sprichwort aus Neuschottland)

Auch wir auf unserer Seite haben allen Grund, nicht mehr gedankenlos »mitzuspielen«. Wir sollten endlich aufhören, uns (Eß-)Bedürfnisse von anderen einreden zu lassen. Wenn wir unser Essen wieder eigenverantwortlich und vernünftig und einfach gestalten – dann solidarisieren wir uns besser als mit jeder Spende mit den anderen Menschen auf der Welt.

Das Essen der nachfolgenden Kinder ist Beispiel für eine solche Ernährung. Ihr Essen zeichnet sich dadurch aus, daß es von uralten Eßtraditionen geprägt ist. Die Grundnahrung* ist bei jedem dieser Kinder ein wenig anders kombiniert:

Gacheri in Afrika

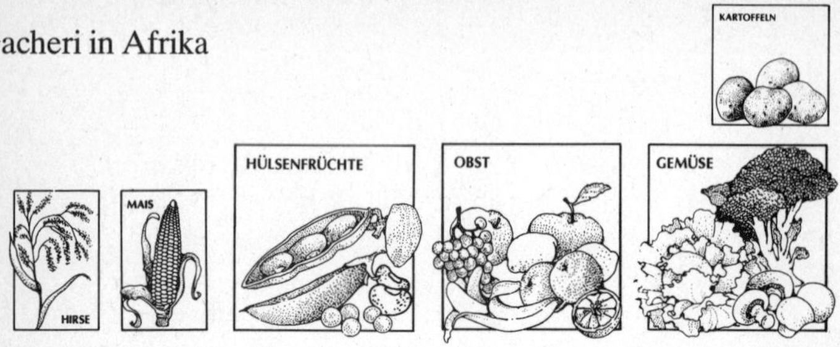

Enelia in Südamerika

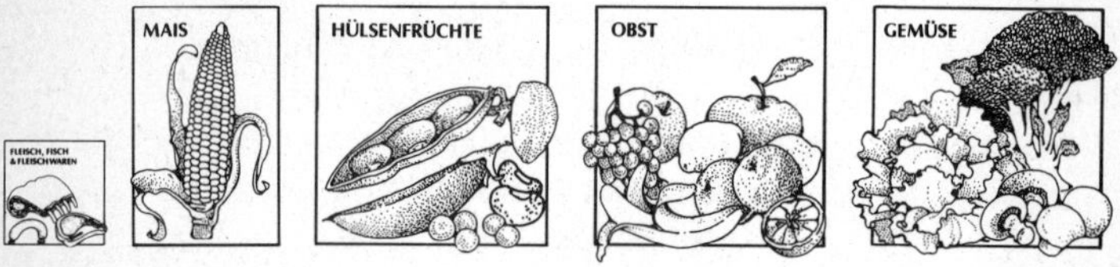

Okani in Papua-Neuguinea

* Diese Darstellungen der Grundernährung sind bewußt vereinfacht. Nicht berücksichtigt wurde beispielsweise der direkte Fettverzehr aller Kinder oder der erhebliche Konsum an Nüssen und Samen bei den hier einzeln aufgeführten Kindern. Die Darstellungen sollen vor allem deutlich machen, wie sich unsere Durchschnittsernährung von anderen, möglichen und vernünftigen Kostformen unterscheidet und welche Arten der Eiweißversorgung weltweit praktiziert werden/wurden.

Lisa in Deutschland

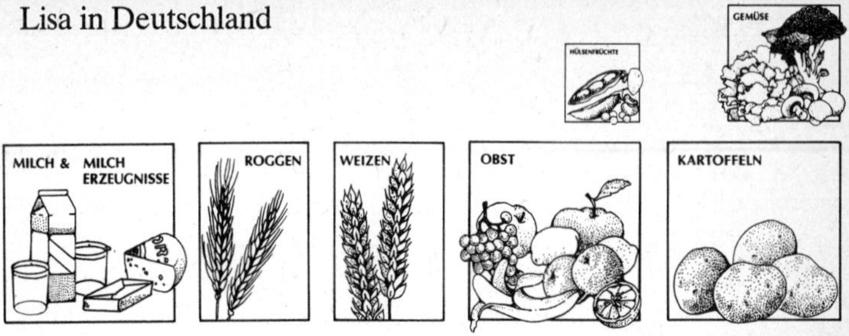

Radha in Indien

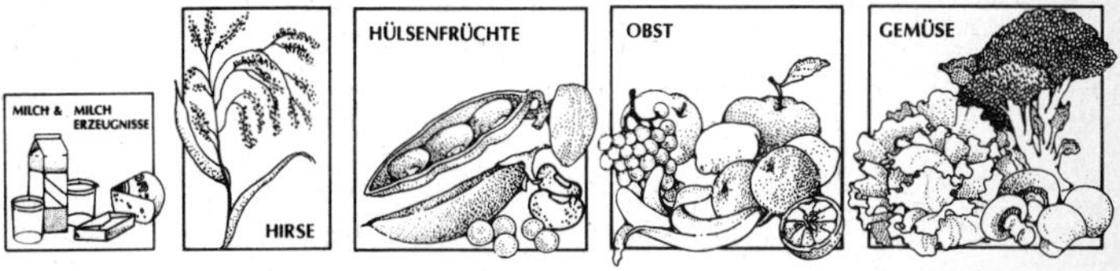

Doch jede dieser Kostformen ist auch nach modernsten ernährungswissenschaftlichen Erkenntnissen vollwertig.

Und jede dieser Ernährungsweisen unterscheidet sich auffallend

– von der *Überernährung* der Kinder in der 1. Welt

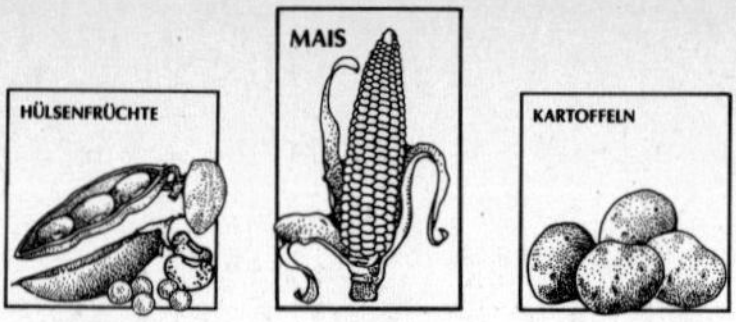

– von der *Unterernährung* der Kinder in der 3. Welt

In der Küche

Gut gerüstet

Mit diesem Buch sollen Kinder wie Eltern – *möglichst gemeinsam* – arbeiten. Mit dazu gehören aber auch ein paar Rahmenbedingungen in der Küche, nämlich

- ein Grundvorrat an bestimmten Lebensmitteln und
- ganz bestimmte Arbeitsbedingungen.

Als Lebensmittelvorrat für die hier angegeben Rezepte sollten vorhanden sein:

GETREIDE

Körner: Weizen, Reis, Buchweizen, Hirse, (Mais)
Gries: Maisgries:
Flocken: Haferflocken, Hirseflocken

HÜLSENFRÜCHTE

Samen: verschiedene Bohnensorten (mindestens weiße Bohnen, Schwarzaugenbohnen, Kidneybohnen
Linsen, Kichererbsen, Erdnüsse

NÜSSE UND KERNE

Haselnüsse, Mandeln, Sonnenblumenkerne, Sesam

TROCKENFRÜCHTE

Datteln, Feigen, Rosinen (natürlich ungeschwefelt)

GEWÜRZE

Anis, Fenchel, Ingwerwurzeln (gekocht + frisch), Kardamom, Koriander, Kreuzkümmel, Kurkuma. Ich nenne hier nur die bei uns nicht gebräuchlichen. Zum Zerkleinern verwenden wir Gewürzmühlen.

Das A und O der richtigen Arbeitsbedingungen sind in meinen Augen:

- eine Arbeitsfläche, welche die richtige Höhe für die Kinder hat,

INGWER
: ist als frische Wurzel besonders aromatisch – aber auch nur begrenzt haltbar. Deshalb verwenden wir auch häufig die getrocknete Wurzel.

KARDAMOM
: verwendet man bei uns für Weihnachtsbäckereien. Kardamom wird meist als ganze Kapsel angeboten, aus der man die winzigen, schwarzen Gewürzkörnchen herauslösen muß.

KORIANDER
: kennt man bei uns nur als Brotgewürz.

KURKUMA
: auch als Gelbwurz genannt, färbt noch viel stärker als Safran alles leuchtend gelb. Ist als Gewürz nicht unbedingt notwendig.

KREUZKÜMMEL
: kann man nicht durch normalen Kümmel ersetzen – er hat ein ganz charakteristisches Aroma.

- als zentrales Gerät eine *Getreidemühle:* Im Sinne dieses Buches sollten Sie möglichst alle Getreide selbst frisch vermahlen. Die Mengen in den Rezepten sind so bemessen, daß dafür eine einfache Handmühle genügt. Ich halte eine solche Handmühle gerade auch für Kinder besonders geeignet, damit sie das Grundnahrungsmittel Getreide einmal richtig »erfühlen«. Mais läßt sich natürlich mit einer solchen Mühle nicht so gut mahlen.

Einen ganz zentralen Raum nehmen in diesem Buch Getreidegerichte ein – denn Getreide ist und bleibt unser wichtigstes nährendes Lebensmittel. Um mit dem echten Schrot und Korn richtig umzugehen, sollten wir seine Behandlung auch *verstehen:*

Körnig bis luftig

Ursprünglich aß der Mensch sein Getreide, indem er die Körner auf heißen Steinen röstete, sie dann zerquetschte und mit Wasser ein Mus daraus bereitete. Den selben Brei verstrich er auch auf heißen Steinen und schuf sich damit einen haltbaren Fladen.

Und damit sind auch schon die immer noch gültigen Methoden angesprochen, um Getreide bekömmlich zu machen:

> Durch Rösten bzw. Darren von Getreide können wir beispielsweise schon einen Teil des Nährstoffs Stärke abbaûen also sozusagen vorverdauen. Das Getreide schmeckt dann auch schon besser – nicht mehr so »mehlig« – denn die Dextrine, die sich durch das Rösten gebildet haben sind schon halbwegs Zucker.
>
> Wenn wir Getreide einweichen in Wasser, dann machen wir es auf wieder andere Art bekömmlich: jedes einzelne Stärkekörnchen saugt sich dann voll Wasser, quillt gewaltig auf und beim Erwärmen, ungefähr ab 70°C kann die Stärke dann verkleistern.

Die Stärke hat dann eine ganz bestimmte Beschaffenheit (der Chemiker redet von einem Kolloid), die zum einen gut verdaulich ist und zum anderen einer Speise eine eine gewünschte »Bindung« gibt (eine Speise »binden« kann die Stärke natürlich nur, wenn wir vorher das ganze Kron in irgendeiner Weise mechanisch zerkleinert haben).

Das Einweichen hat aber auch ganz allgemein die Wirkung, daß alle im Samen (ob Getreide oder Hülsenfrucht) enthaltenen wichtigen Wirkstoffe für unseren Körper besser verfügbar werden.

Wenn man das ganze Korn essen will, ist es bei Körnern mit sehr harter Schale wichtig, sie gründlich vorzuweichen, weil sonst wie bei Hülsenfrüchten die Gefahr besteht, daß nur die Randschichten durchfeuchten und gären, während den anderen Zellen das Wasser zum Quellen und Verkleistern fehlt.

Hier ein paar Richtwerte:

Getreide	Vorquellen	Getreide : Kochwasser	Kochen (Min.)	Nachquellen (Min.)
Reis	–	1 : 2	15	30
Hirse	–	1 : 2	10	30
Weizen	über Nacht	1 : 2,5	30	50
Buchweizen	–	1 : 2	10	30

Für das Garen von ganzen Körnern ist es notwendig, daß man sie die ganze Zeit voll kochen läßt – und auch Kochen heißt nicht, wild sprudeln lassen, sondern die Platte so einstellen, daß das Wasser gerade eben kocht. Nach einer relativ kurzen Kochzeit läßt man es dann ausquellen – entweder auf einer lauwarmen Herdplatte oder in einer Kochkiste – etwas, was auch unsere Grossmütter schon kannten – wo eben nur die Eigenwärme gehalten aber keine neue mehr zugeführt wird.

Das ganze Korn – wohl gefügt...

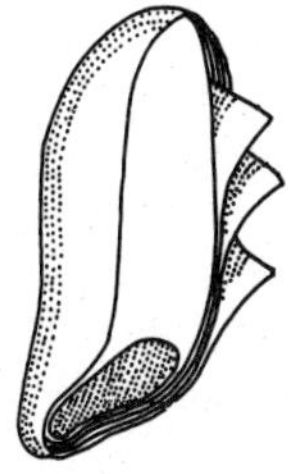

Wir essen Getreide aber heute kaum noch als Brei oder Fladen, sondern mehrheitlich als Brot. Die Entwicklung unseres Brotes brauchte zwei Voraussetzungen – eine gewisse Seßhaftigkeit bei den Menschen und vor allem ganz bestimmte Getreidesorten: Brot braucht »kleber«reiche Getreidesorten, Zeit zum Reifen und viel Geduld bei der Teigbearbeitung. Die Ägypter waren es, welche die Teiggärung entdeckten und damit diese neue Ära der Geteidezubereitung einleiteten:

- Wenn wir das Mehl mit Wasser vermischen und es längere Zeit warm stellen, dann schaffen wir für ganz bestimmte Kleinstlebewesen – die Hefepilze – die idealen Lebensbedingungen. Sie fangen sofort an, einen Teil des Mehls in Alkohol und Kohlensäure abzubauen. Man kann fast sagen, die Hefepilze »essen« – denn dieser Umbau geschieht wie bei unserer Verdauung mit Hilfe von Enzymen. Und je mehr sie »essen«, desto mehr werden sie auch.

  Dem Menschen ging dieses »Reifen« aber doch ein wenig zu langsam, und er ist recht schnell auf die Idee gekommen, sich vom alten Teig, in dem es von den Pilzen nur so wimmelte, einen Rest aufzuheben, den er einem neuen Teig dann zufügte. Nach dieser Methode wird aber auch heute noch Sauerteigbrot zubereitet.

  Mit unserer heutigen Hefe haben wir uns ein Konzentrat an Hefepilzen geschaffen – 1 Stück Hefe besteht aus 150 Milliarden Hefezellen – das die Reifung in noch schnellerer Zeit schafft.
- Aber so wichtig wie die Hefe ist auch das gründliche Kneten: Mit dieser Arbeit machen wir ein ganz bestimmtes Getreideeiweiß, den sogenannten Kleber, zäh und elastisch. Er bildet dabei unter Einschluß der Getreidestärke ein undurchlässiges, aber dehnbares Gerüst. Dieses Klebergerüst hält das von den Hefepilzen gebildete Kohlensäuregas im Teig zurück – es bläht den Teig auf und lockert ihn.

  Je besser wir den Teig kneten, desto zäher wird der Kleber und desto mehr Gas kann er zurückhalten. Beim zweiten Kneten

sorgen wir dafür, daß sich die Gasbläschen und damit letztlich die Teigporen noch feiner verteilen.
Beim Backen arbeiten die Hefezellen noch einmal mit voller Kraft, bis im Teig eine Temperatur von über 35°C erreicht ist – dann sterben sie ab.
Bei 60°C verkleistern die Stärkekörner, bei 70°C gerinnt das Klebereiweiß, bei 80°C verdampft der Alkohol. Wegen des hohen Wassergehaltes steigt die Temperatur im Innern höchstens auf 100°C. An der Oberfläche wird aber die Temperatur höher: Hier wird die Stärke in die schon süßlich schmeckenden Dextrine aufgespalten – sie geben der Brotrinde den schönen Geschmack.

Ob Hefe oder Sauerteig – der Grundprozeß für das Lockern ist der gleiche. Nur geben wir bei der langsamen Sauerteigreifung auch noch anderen Bakterien die Chance, im Interesse unserer Gesundheit wirksam zu werden: Die Milchsäurebakterien leisten eine gewissen »Vorverdauung« der Zucker im Brot.

Wo wir Milchsäurebakterien ungehindert wirken lassen, haben Fäulnisbakterien und Schimmelpilze einen schlechten Stand. Deshalb war das Sauerteigbrot unserer Eltern und Großeltern auch so gut haltbar. Die moderne Brotindustrie hat diese Geduld für eine natürliche Teigsäuerung nicht mehr – ihre Brote sind im Schnellverfahren gesäuert – und deshalb auch nicht natürlich haltbar. Dafür braucht modernes Brot Konservierungsstoffe – oder es wird ganz einfach sterilisiert.

Jedes Böhnchen gibt ein Tönchen…

Leider sind die Hülsenfrüchte fast gänzlich aus unserer Alltagsernährung verschwunden – obschon sie zu unseren wertvollsten – und gleichzeitig billigsten – Grundnahrungsmitteln gehören:

Um Sie für Hülsenfrüchte zu gewinnen, will ich es Ihnen schwarz auf weiß geben, wie wertvoll sie sind:

(100 g) Frucht	Eiweiß (g)	* Eisen (mg)	* Kalium (mg)	besonders reich an	* Vitamin B_1
Bohnen	21	6	1310	Kupfer	0,45
Erbsen	22	5	880	Kupfer	0,75
Linsen	24	6,9	810	Zink	0,45
Soja	37	12,1	2000	Mangan	0,75
Erdnüsse	26	2,2	740	Zink	0,32

Zum Vergleich hier noch die entsprechenden Werte von anderen Standardnahrungsmitteln:

Rindfleisch	19,2	2	340		0,1
Weizenvollmehl	12,1	3,3	290		0,55

Ebenso wie die ganzen Körner sollten wir Hülsenfrüchte zuerst einmal gründlich waschen.

Für die großen Hülsenfrüchte ist das gründliche Einweichen noch viel wichtiger als für die relativ kleinen Körner – denn nur so bekommt auch die Stärke tief innendrin eine Chance, sich voll Wasser zu saugen.

Normalerweise weicht man sie über Nacht ein – man kann das Verfahren aber auch beschleunigen, indem man sie mit viel Was-

* Um nur die Stoffe zu nennen, mit denen wir uns besonders mangelhaft versorgen.

ser einmal kurz aufkocht und dann noch eine Stunde weichen läßt.

Ob das Einweichwasser zum Garen verwendet werden soll – darüber streiten sich die (Hülsenfrucht-)Gelehrten:

Die einen lehnen es ab – sind sogar für ganz gründliches Abspülen – weil damit dann auch gleich ein Teil der nicht verdaulichen Substanzen weggeschüttet wird – die anderen schwören darauf, weil die Bohnen darin schneller gar werden. Hier war eben die Rede von »nicht verdaulich«:

Hülsenfrüchte enthalten einige Saccharide (Raffinose, Stachyose...) – das sind also praktisch entfernte Verwandte unseres normalen Zuckers – die nicht im oberen Darmabschnitt in Monosaccharide zertrennt werden können. Sie gelangen bis in den Dickdarm, wo sie dann von Bakterien abgebaut werden, wobei unter anderem Kohlensäure und andere Gase entstehen, weshalb bei manchen Menschen eben... jedes Böhnchen ein Tönchen... macht. Der Dickdarm von Menschen, die keine Probleme mit Hülsenfrüchten haben, enthält Bakterien, die die Saccharide anders abbauen – und vielleicht enthält sogar ihr oberer Darmabschnitt Enzyme, um diese Saccharide abzubauen.

Und nun zum Garen: Die oberste Regel ist, Hülsenfrüchte nie in salziger Flüssigkeit kochen – Salz behindert den Garvorgang. Das Einfachste ist tatsächlich bei gemischten Gerichten – beispielsweise dort wo Hülsenfrüchte mit Gemüse zu einem »Eintopf« gemacht werden – die Hülsenfrüchte wegen ihrer langen Garzeit völlig getrennt zuzubereiten.

Die Garzeit von Hülsenfrüchten beträgt rund 1 Stunde – zugedeckt bei schwacher Hitze. Ganz kleine Böhnchen und Linsen sind natürlich schneller gar. Ganz genau läßt sich die Zeit nicht angeben, weil sie sehr vom Alter der Hülsenfrüchte abhängt. Für die Kocheigenschaften sind neben dem Alter aber auch Farbe und Größe verantwortlich. Generell gilt:
- Weiße Bohnen kochen mehliger als farbige,
- größere zerfallen beim Kochen leichter als kleinere.

Das Bohnen-Garen ist leider etwas zeitraubend – deshalb kochen wir meistens die doppelte Portion und stellen einen Teil in den Kühlschrank. Dann planen wir für die darauffolgenden Tage ein zweites, entsprechendes Gericht.

Man kann gekochte Hülsenfrüchte auch gut einfrieren – aber eigentlich ist es doch ein Widersinn, größere Mengen eingefroren aufzubewahren – wo man sie doch trocken so problemlos lagern kann.

Aber auch Hülsenfrüchte können alt werden: Nach einem Jahr etwa verändert sich ihr Geschmack, sie verlieren ihre Quellfähigkeit und bleiben beim Kochen hart.

Afrika

Ein blühender Kontinent

Als zuerst arabische und vom 15. Jahrhundert an auch immer mehr Europäer den afrikanischen Kontinent bereisten, berichteten sie voller Begeisterung von mächtigen Reichen und blühenden Kulturen – von Königreichen, die schon lange bevor die Europäer damit begannen, einen intensiven Handel mit dem Fernen Osten trieben: »... in diesem Land gibt es reiche Kaufleute, und es gibt viel Gold, Silber ... die Einwohner tragen Kleidung aus feiner Baumwolle und Seide und viel Schmuck und sie haben eine schwarze Haut ...« Die Landwirtschaft und der Handel mit Nahrungsmitteln waren eine ganz wichtige Quelle für den Reichtum des damaligen Afrika. Haupthandelsgüter – vor allem auch mit Asien, waren Hirse, Reis, Bohnen, Erbsen und Erdnüsse.

Die afrikanischen Bauern der damaligen Zeit arbeiteten mit »Fruchtfolge« und »Mischkulturen«.

Kein Wunder – war doch ihre Ackerbautradition uralt. Denn es waren mit Sicherheit Afrikaner, die »unseren« Weizen, »unsere« Gerste, »unsere« Zwiebeln – um nur einige der in Afrika herangezüchteten Kulturpflanzen zu nennen – aus Wildpflanzen entwikkelt haben.

Ich nenne hier nur zwei bekannte Stichworte für ein außerordnetlich durchdachtes System der *Bodennutzung*, bei der dieser nie *ausgenutzt* wird. Weder die alten Afrikaner noch die alten Indianer – bei denen die Europäer auf eine ähnlich hochentwickelte Landwirtschaft trafen – wußten etwas von wissenschaftlichen Details und Bakterioden und Stickstoffverbindung – sie wußten ganz einfach aus Erfahrung wie man Pflanzen vorteilhaft anbaut.

Afrika war ein blühender Kontinent. Noch Anfang des 18. Jahrhunderts berichtet das »Allgemeine Historische Lexikon« über Zimbabwe: »... das Land ist gut, fruchtbar an Reis, Obst und anderen Dingen mehr, hat Bergwerke, treibt einen großen Handel ... die Einwohner sind witzig und beherrscht ...«

Bis der Raubbau begann. Angefangen mit dem Sklavenhandel der Europäer, denen das indianische »Menschenmaterial« nicht ausreichte, um die Neue Welt angemessen schnell auszuplündern. Ein französischer Chronist schreibt hierüber bereits im 18. Jahrhundert: »...Europas Habgier hat dem afrikanischen Kontinent mindestens 60 Millionen Einwohner geraubt...«

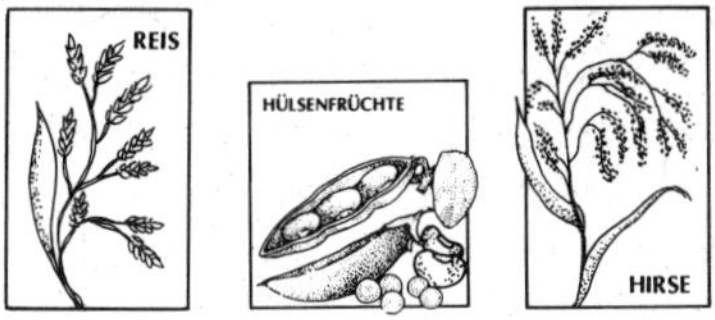

Die Europäer haben das ackerbauliche Wissen dieser alten Kulturen mißachtet – und deshalb quälten sich insbesondere die deutschen Bauern bis weit ins 18. Jahrhundert mit einem ackerbaulichen System über die Runden, bei dem immer einem Teil des Akkerlandes durch ein unbebautes Jahr »Erhohlung« gewährt wurde, ein System, das weder vom Ertrag her befriedigend war und noch dazu den Nachteil hatte, daß ständig ein Drittel oder sogar die Hälfte des wertvollen Kulturlandes ungenutzt brachlag. Erst im 18. Jahrhundert erreichte »der deutsche Chefideologe der Fruchtwechselwirtschaft«, der preußische Agronom Thaer eine gewisse Lösung aus diesem System.

Bevor sich aber in Deutschland eine echte Agri-Kultur entwikkeln konnte, machte im 19. Jahrhundert die Agro-Chemie das Rennen!

Ausgerechnet Justus von Liebig – der von der Agro-chemischen Industrie gern als Gründervater benannt wird – mahnt uns in Bezug auf ihre Methoden:

»Diese (landwirtschaftliche) Kunst hat ein Ende, wenn der Landwirt, von blödsichtigen Lehrern verleitet, alle seine Hoffnungen auf Universalmittel setzt, die es in der Natur nicht gibt, wenn er, von vorübergehenden Erfolgen geblendet, sich auf ihre Anwendung verläßt, den Boden darüber vergißt und dessen Wert und Einfluß darüber aus den Augen verliert...«

Einige wenige – wie Rudolf Steiner – ließen sich von der scheinbar so erfolgreichen Chemotherapie des Bodens nicht blenden. Diese frühen Bio-Bauern hatten es schwer, waren bis in allerjüngste Zeit als Spinner verrufen, aber heute knüpfen immer mehr Landwirte dankbar an ihre Erfahrungen an – ohne sich klar darüber zu sein, daß sie eigentlich auf ein uraltes Erbe aus afrikanischen und anderen Kulturen zurückgreifen.

Traditionelle Symbiose von Kühen und Bäumen

Man versuchte, sich eine Art Parklandschaft im Sahel vorzustellen: Hohe, breitkronige Bäume, im Abstand von 15 bis 20 Meter über Felder und Brachland verteilt. Unter ihnen ziehen Viehherden dahin. Ebenso wie das Vieh wirken die Menschen, denen man in den kleinen Dörfern begegnet, zumindestens ausreichend ernährt. Von Hunger so wenig eine Spur wie von erosionszerfurchten Böden oder zerstörter Landschaft.

Jene Bäume heißen Acacia albida. Von den anderen unterscheiden sie sich durch einige Eigenarten. Vor allem folgen sie einem umgekehrten Vegetationszyklus: Kurz vor der Regenzeit, wenn die anderen Holzgewächse sich wieder belauben, verlieren sie ihre Blätter, nehmen also den unter ihnen wachsenden Feldfrüchten nicht nur kein Licht weg, sondern düngen auch noch den Ackerboden, und zwar so wirksam, daß 20 bis 50 dieser Bäume, auf einem Hektar Land verteilt, einer Volldüngung gleichkommen. Belaubt während der heißen Trockenzeit, schützen sie den Boden und seine Mikroorganismen vor der Sonnenglut. Als Leguminosen binden sie Stickstoff aus der Luft und geben ihn über die Wurzeln an den Boden weiter. Die Kühe »wissen«, warum sie unter den Acacia albida umherziehen: Besonders in der Trockenzeit, wenn anderes Futter immer knapper wird, finden sie hier Futter von ausgeschnittenen Zweigen. Die Kühe danken es den Bäumen quasi als Geburtshelfer: Die Baumsamen keimen nur, wenn sie das Verdauungssystem der Wiederkäuer durchlaufen haben. Die Herden düngen auch die Felder, auf denen die Bäume stehen.

Diese ausgewogene Landnutzung hilft den Serern – der zweitgrößten Volksgruppe des Senegal – Außergewöhnliches zu vollbringen: Sie bebauen den Boden fast ununterbrochen, machen ihm diese Dauerbelastung auch nicht im Geringsten durch Gaben von Handelsdünger erträglich – und erhalten doch dauerhaft seine hohe Fruchtbarkeit.

So war es noch vor 20 Jahren. Inzwischen sind die meisten kleinen Bauern durch eine autoritäre Agrarbürokratie und oft auch durch die ausländischen Experten viel zu sehr entmündigt, ihrer eigenen Tradition entfremdet, um eine Rückkehr zu althergebrachtem zu wagen.

(nach Braumann, 1986)

Frauensache

»Wenn die Frauen in die Entwicklung integriert werden, ist die Zukunft Afrikas gesichert...«

Die Lebensmittelproduktion lag, auch schon in den afrikanischen Stammeskulturen, fast ausschließlich in der Hand der Frauen – und auch heute noch leisten die Frauen in Afrika 60–80% der landwirtschaftlichen Arbeiten.

Gacherie lebt mit ihrer Mutter und ihren Geschwistern in einem Dorf in Kenia. Ihr Vater arbeitet in der Stadt und kommt nur selten in sein Dorf. Viele andere Familien im Dorf bestehen ebenso nur aus Frauen und Kindern.

Die Frauen dieses Dorfes haben sich zu einer Produktionsgemeinschaft zusammengeschlossen. Sie erzählen:

»Wir haben 1976 angefangen, gemeinsam Gemüse für den Markt anzubauen. Mit dem Geld für das Gemüse haben wir eine Ziege gekauft. So haben wir angefangen. Jetzt haben wir noch zusätzlich eine Bienenzucht. Jede von uns Frauen betreut 2–3 Stökke. Noch sind es die Großfarmer, die mit ihren landwirtschaftlichen Produkten den Handel beherrschen – aber immerhin erzeugen wir bereits mehr, als wir zur Selbstversorgung brauchen.

Inzwischen konnten wir uns auch schon eine Hirsemühle kaufen. Vorher mußten wir entweder das Korn gegen teure Bezahlung mahlen lassen oder es mühsam mit dem Stößel zerstampfen. Solche Arbeitsersparnisse sind für uns sehr wichtig, weil uns unsere Kinder nicht mehr soviel helfen können. Sie gehen jetzt nämlich regelmäßig in die Schule...«

Gacheri ist es aber weiterhin gewohnt, in ihrer ganzen Freizeit der Mutter zu helfen.

Sie geht auch mit zum Markt im nächsten Dort – zwei Stunden Weg über staubige Lehmstraßen – um regelmäßig Maniok (eine stärkehaltige Wurzelknolle) und Bohnen zu verkaufen. Dies Dorf ist gleichzeitig Handelsplatz für Wanderhirten, von denen sie vor allem Kamelmilch für Gacheris kleinere Geschwister kaufen.

So sieht Gacheris Grundernährung aus:

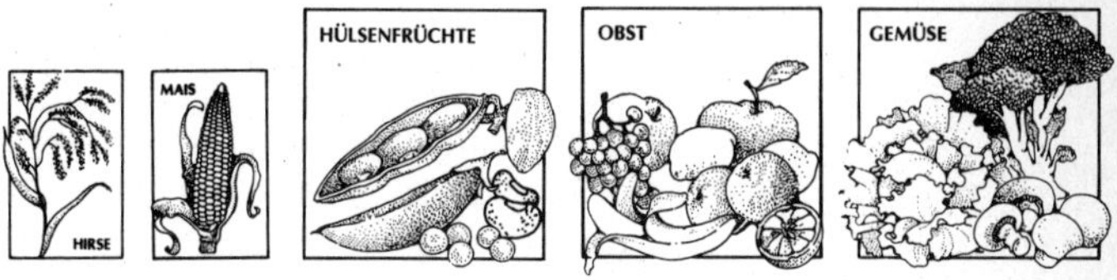

Sie ißt in einer Woche hauptsächlich:
1200 g Getreide (Hirse und Mais)
1000 g Hülsenfrüchte (Bohnen und Erdnüsse)
2500 g Gemüse
2500 g Obst (Bananen, Papayas...)
700 g Wurzelknollen (Maniok, Yams)

Schrotbrei

Ein solcher Schrotbrei ist die Grundlage von Gacheris Alltagskost:

Getreide, grob gemahlen (Hirse, Weizen, Mais...) Butter, Salz, Gewürze (Für eine Person rechnen wir ⅓ Tasse Schrot, gekocht in 1 Tasse Wasser)

Das Schrot in einer Pfanne anrösten. Wasser mit Salz zum Kochen bringen. Für jede Portion 1 Teelöffel Butter im Wasser zergehen lassen, dann den gerösteten Schrot in das Wasser einrühren und kochen lassen, bis der Brei ziemlich fest ist. Den Brei auf einen Teller häufen, in die Mitte eine Mulde drücken, und mit Butter, Salz und Gewürzen auffüllen. Dickmilch oder Joghurt dazu servieren.

Dies ist wohl die urälteste Methode der Breizubereitung – und in dieser Grundform, nur mit Butter und Gewürzen, für uns die ideale Zubereitung, um die geschmackliche Vielfalt der einzelnen Getreidesorten neu zu erschmecken. Uns schmeckt am besten der Hirseschrotbrei. Bei den mehligeren Kornsorten sieben wir das Mehl weg – dann ist der Schrotbrei körniger und nicht so weich.

Vielleicht machen sie einmal gleichzeitig mehrere Breisorten – denn im Vergleich werden einem die Geschmacksunterschiede noch bewußter.

Die Wanderhirten, die durch Gacheris Dorf ziehen, kombinieren einen solchen Brei mit gesäuerten Milchprodukten – und diese Kombination macht daraus eine absolut vollwertige Mahlzeit. Wir essen ihn teilweise als herzhaft gewürzten Abendbrei, umrahmt von Frischkost und Joghurt, oder als süßen Morgenbrei in einem Milch- oder Sahnesee. Wichtig ist dabei, die Süße – ob aus Honig, Sirup oder Zucker – nicht mit einzukochen, sondern sie wohldosiert über dem Brei zu verteilen. So schmeckt man sie viel stärker.

Reis und Kidneybohnen

Reis ist zwar heute für den einfachen Afrikaner etwas besonderes – aber die Mischung von Getreide und Hülsenfrüchten in diesem Gericht ist doch ganz typisch.

2 Tassen Reis
2 Tassen Kidneybohnen, gekocht
2 Tassen frische Kokosmilch und 2 Tassen Wasser
1 Zwiebel, kleingeschnitten, Thymian, Pfeffer, Salz

Zwiebeln glasig dünsten, Kokosmilch, Wasser, Reis und Gewürze zugeben, 15 Minuten kochen, dann eine gute halbe Stunden quellen lassen, bis die Bohnen durchgewärmt sind. So das Originalrezept.

Nach dem Motto: »Keine halben Sachen machen«, ist uns das

viel zu wenig von dem herrlichen Kokosnußgeschmack und wir mischen unter den gegarten Reis noch mindestens 5 Eßlöffel frisch geriebene Kokosnuß.

Hirse- oder Reispudding

1 Tasse Hirse oder Reis, sehr fein gemahlen
3 Tassen Wasser
2 Eßlöffel Zucker
1 Teelöffel Fenchel oder Anis, frisch gemahlen
½ Teelöffel Ingwer, frisch gerieben
Garnierung: viele Nüsse, Mandeln, Kerne
(gehackt – nach Angebot und Geschmack)

Hirse/Reis mit den Gewürzen vermischen. Das Wasser zum Kochen bringen. Unter kräftigem Rühren mit einem Schneebesen das Getreide einrühren. Knapp 10 Minuten kochen, dann 15 Minuten auf kleiner Flamme ausquellen lassen und abschließend in Puddingformen füllen. Kalt stellen. Vor dem Servieren stürzen und üppig mit den gehackten Kernen dekorieren.

In Afrika wird der Pudding so gegessen – unseren Geschmacksbedürfnissen kommt es aber entgegen, noch ½ Tasse Sahne einzurühren.

Gacheris alltägliche Süßigkeiten sind Zuckerrohrstückchen, aus denen sie langsam den Zucker heraussaugt. Manchmal bekommt sie aber auch eine Hirse-Süßigkeit, die ähnlich zubereitet wird wie die nachfolgenden.

Hirsekugeln

2 Tassen Hirseflocken
1 Tasse Sesam, gemahlen
1 Tasse (Hasel-)Nüsse, gemahlen
2 gehäufte Eßlöffel Honig
1 gehäufter Eßlöffel Kakao
1 Teelöffel Zimt

Erst die trockenen Zutaten gründlich vermengen, dann den Honig unterrühren. Aus der klebrigen Masse kleine Kugeln formen, die man trocknen läßt.

Das kleine Dorf Malimau liegt inmitten weiter Blumenfelder vor den Bergen in Kenia. In Malimau lebt Oginga mit seiner Frau Maleika und den Kindern Morenga, Mutoni und Ngugi.

In Malimau gehört zu jedem Haus ein kleiner Garten, den die Kenianer in ihrer Sprache »Schamba« nennen.

Maleika, die Mutter, macht die Arbeit in der Schamba. Dabei trägt sie den kleinen Ngugi im Wickeltuch auf dem Rücken. Die größeren Kinder helfen ihr: Mutoni gießt den Mais, die Bohnen und die Maniokstraucher. Morenga lokkert den Boden auf.

Oginga, der Vater von Mutoni, Morenga und Ngugi, arbeitet auf den Blumenfeldern. Zusammen mit den anderen Männern pflückt er Blumen in große Körbe. Gegen Mittag, wenn die Sonne ganz hoch vom Himmel brennt, machen die Männer Pause unter einem uralten, schattigen Affenbrotbaum. Alle haben einen Blechtopf mit Essen dabei – mit Mais, Bohnen oder Maniokwurzeln, die wie süße Kartoffeln schmecken. »Was sollten wir essen, wenn wir unsere Schamba nicht hätten«, sagt Oginga. »Von dem Geld, das wir auf den Blumenfeldern verdienen, können wir nicht leben.« Am Abend, nach getaner Arbeit, erhalten die Arbeiter ihren Lohn. Bezahlt wird nach der Menge der gefüllten Blumenkröbe. Aber mehr als 10 Schilling hat noch niemand bekommen, so sehr er sich auch angestrengt hat. Oginga bekommt heute 9 Schilling und 70 Cent. Das sind ungefähr 3,50 DM. Für besondere Gelegenheiten kauft Oginga seiner Familie ein Huhn zum Essen. Das kostet dann einen ganzen Tageslohn.

Während die Männer auf ihr Geld warten, werden die Blumen in Kisten gepackt und in ein Flugzeug verladen, das heute abend noch starten wird: Die Blumen sollen schon morgen bei uns in Europa verkauft werden.

Oginga hat es nach der Arbeit sehr eilig: Sein Bruder Nyeri aus der Stadt kommt zu Besuch.

Oginga und Nyeri sitzen vor dem Haus und haben sich viel zu erzählen. »Es sind viele in der Stadt, die von den Dörfern kommen und Arbeit suchen«, sagt Nyeri. »Aber sie finden keine Arbeit. Wie ich. Sie haben keine Schamba und wissen nicht, wovon sie leben sollen.«

Die Großmutter erzählt, wie es früher in Malimau war – als ihre Eltern noch Kinder waren. »Damals hätten Nyeri und seine Familie einfach ein neues Haus bauen können. Das ganze Land hat uns Bauern gehört!« sagt die Großmutter und zeigt auf die Blumenfelder, die jetzt in der Dämmerung liegen – und die den großen Firmen gehören.

»Das Essen ist fertig!« ruft Maleika. Sie füllt den heißen Bohneneintopf in kleine Kürbisschalenhälften. Es schmeckt allen so gut, daß sie das Reden ganz vergessen.

(nach Detlef Meissner: Das Blumenflugzeug aus Afrika Hannover, 1980)

Mais mit Bohnen

2 Tassen Mais, grob geschrotet
1 Tasse Bohnen, vorgeweicht
1 Eßlöffel Butter
Rosmarin, Koriander, Kümmel, Salz Pfeffer
rund 5 Tassen Wasser, ggf. zwischendurch noch etwas zuschütten

Wasser zum Kochen bringen, Mais hineingeben, 10 Minuten kochen lassen, dann Bohnen und Gewürze (außer Salz!) hinzugeben und bei kleiner Flamme 1 Stunde kochen lassen – dann erst salzen – und nochmals abschmecken.

Ein solcher Bohnen»eintopf« gehört zum afrikanischen Alltag. Uns schmeckt er allerdings noch besser, wenn wir nur 1 Tasse trokkenen Mais (und dann auch etwas weniger Wasser) nehmen, und ¼ Stunde vor dem Abschluß des Kochens noch 1 Tasse Zuckermais dazugeben. Aus »Schönheits«gründen mögen wir diesen Eintopf am liebsten mit Kidneybohnen und essen ihn mit einem kleinen Klecks sauerer Sahne und Ketchup (!) obendrauf.

Maisbrei und Bohnentopf

2 Tassen Mais, grob geschrotet
4 Tassen Wasser
2 Eßlöffel Butter, je ½ Teelöffel Salz und Koriander

Wasser mit Butter, Salz und Koriander zum Kochen bringen. Maisgries einstreuen und rund 10 Minuten kochen lassen und dann noch 15 Minuten auf der lauwarmen Platte ausquellen lassen.

Wichtig ist, daß ein sehr fester Brei entsteht. In vielen Gegenden Afrikas wird ein solcher Brei zur Mahlzeit in die Mitte gestellt und jeder nimmt sich ein kleines Stückchen davon, formt eine Kugel und nimmt sie als Hilfsmittel, um andere Speisen damit aufzunehmen.

Das entspricht nicht ganz unseren Eß-Sitten – aber auch schon bei unseren europäischen Nachbarn lernt ein Kind von klein auf »...pousse avec le pain...« – das Brot ist Eßwerkzeug und Nahrung zugleich. Vielleicht sollten auch wir unseren Kindern ab und an den mühevollen Umgang mit Eßwerkzeugen etwas erleichtern!

2 Tassen Schwarzaugenbohnen, gekocht
1½ Tassen gemischte Nüsse, grob gehackt
2 Tomaten, gehäutet und kleingeschnitten
1 Eßlöffel Tomaten-Püree
1 Zwiebel, kleingeschnitten
2 Eßlöffel Petersilie, feingehackt
Öl, Knoblauch, Salz, Pfeffer + (Zucker)

Ziebel in Öl glasig dünsten, Knoblauch, Tomaten, Püree zugeben, 10 Minuten dünsten, bis alles zu einem dicken Püree geworden ist. Nüsse und die gekochten Bohnen zugeben – eventuell die Bohnen etwas zerdrücken, abschmecken, nochmal 10 Minuten dünsten, ganz heiß mit Petersilie bestreut servieren.

Die nachfolgenden Gerichte sind aber auch noch typisch afrikanische Gerichte – aber ein Kind wie Gacheri hat nur zu ganz seltenen Gelegenheiten die Möglichkeit, etwas so üppiges – mit Eiern! – zu essen.

Reisbrot

2 Tassen Reis, fein gemahlen (oder Reis + Weizen gemischt)
2 große Bananen, zerdrückt
2 Eier, kräftig gequirlt
½ Tasse Öl + ½ Milch
1 gehäufter Teelöffel Backpulver, ½ Teelöffel Salz

Die getrockneten Zutaten vermischen, dann Bananen, Eier und Öl zufügen. Alles sorgfältig vermengen und in einer gefetteten Kastenform bei mittlerer Hitze rund 45 Minuten backen.

Bananenküchlein

3 Bananen, zerquetscht
1 Tasse Hirse oder Mais, sehr fein gemahlen
2 Tassen Wasser
2 Eier, Muskat oder Zimt + Salz

Das frisch gemahlene Mehl mit Wasser vermengt 1 Stunde stehen lassen. Die übrigen Zutaten einrühren, alles kräftig miteinander verschlagen, eßlöffelweise in der Pfanne goldbraun backen.

Bananen Kokosnuß-Pudding

Fleisch von einer Kokosnuß, frisch geraspelt
4 Bananen, zerdrückt
3 Eier, Eiweiß steifgeschlagen
2 Eßlöffel Zucker

Zucker und Eier schaumig rühren, die übrigen Zutaten zugeben, zum Schluß den Eischnee unterheben. In kleinen Auflaufförmchen im Backofen bei mittlerer Hitze backen. Kann kalt oder heiß gegessen werden – ist aber so gehaltvoll und sättigend, daß er als Hauptgang gegessen werden sollte.

Bananen-Kuchen

2 Tassen Weizen, sehr fein gemahlen
⅔ Tassen Butter, zerlassen
1 Tasse Feigen + Datteln, gehackt
1 Tasse Kokosnuß, grob geraspelt
3 Bananen, zerdrückt
2 Eier, 1 Eßlöffel Dickmilch
1 Eßlöffel Sirup, 1 Teelöffel Backpulver, 1 Teelöffel Zimt
Salz

Alle feuchten Zutaten schaumig rühren, Dörrobst, Nüsse und Bananen einrühren, zum Schluß das Mehl mit dem Backpulver und den Gewürzen zugeben. In einer Kastenform bei kleiner Hitze eine knappe Stunde backen.

Bananen werden in Afrika aber auch auf ganz andere Weise gegessen:

Bananen mit Nuß-Sauce

4 feste Bananen + 1 Ei, verschlagen
2 Tassen Erdnüsse, gemahlen
1 Zwiebel, fein gehackt
1 Apfel, gerieben
1 knappe Tasse Apfelsaft + Saft einer Zitrone
2 Teelöffel Kurkuma, 1 Teelöffel Zucker
1 Teelöffel Pfeffer

Sauce: Zwiebel glasig dünsten, Apfel, Erdnüsse und Gewürze zugeben und 2 Minuten bei starker Hitze unter Rühren schmoren lassen, dann Saft und etwas Wasser zugeben und gut 20 Minuten auf kleiner Flamme schmoren lassen. Zwischendruch umrühren und eventuell noch etwas Wasser zugeben.

Bananen in der Pfanne kurz anbraten, wieder herausnehmen, im Ei wälzen und dann knusprig braun braten. Vor dem Servieren mit der Sauce übergießen.

Dukkah

In einem Buch von 1860 heißt es: »Eine Mahlzeit derjenigen, die sich keinen Luxus leisten können, besteht häufig aus Brot und einer Mischung, die Dukkah genannt wird. Sie setzt sich meistens zusammen aus Salz und Pfeffer mit wildem Majoran oder Minze oder Kümmel und mit einer oder mehreren oder allen der folgenden Zutaten – nämlich Koriandersamen, Zimt, Sesam und Kichererbsen. Jeder Bissen Brot wird in diese Mischung gestippt...«

Dieser Text soll ihnen Anregung sein für eine eigene Mischung – unsere Einfach-Version sieht folgendermaßen aus:

1 Tasse Sesam
1 Tasse Nüsse
1 Teelöffel Koriander
1 gestrichener Teelöffel Salz

Alle Zutaten etwas anrösten und grob mahlen (im Elektromixer nur sehr kurz zerkleinern, damit die Mischung nicht feucht wird)

Gacheri

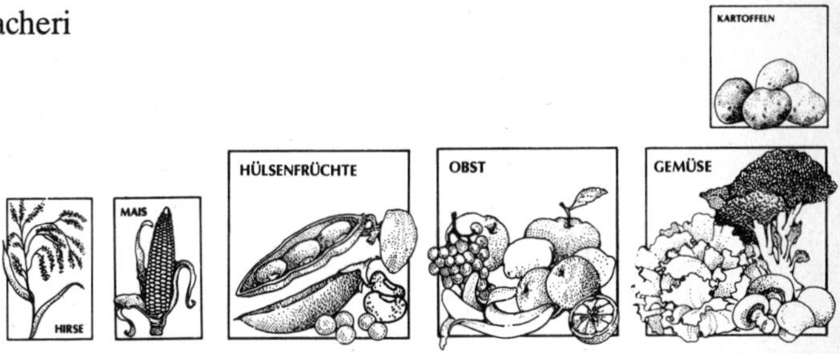

Das durchschnittliche bundesrepublikanische Kind

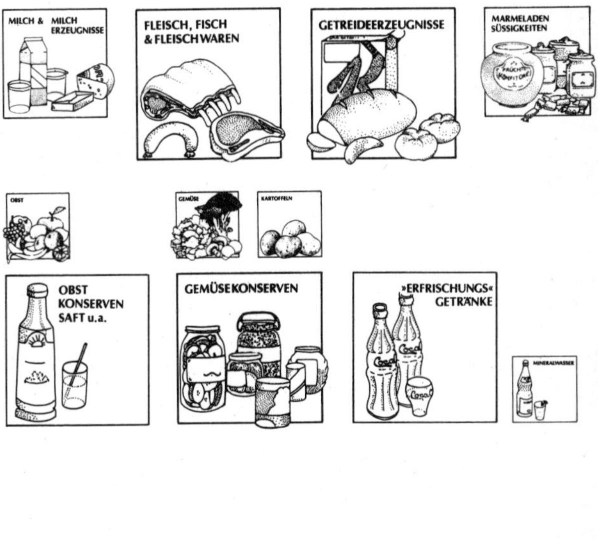

Amerika

Volksweisheiten

Als die Spanier und Portugiesen gegen Ende des 15. Jahrhunderts nach Mittel- und Südamerika kamen, trafen sie auf einen hochentwickelten Ackerbau und das ihnen völlig neue Getreide »Mais«. Die Urform dieses Getreides ist inzwischen ausgestorben – doch durch Ausgrabungen weiß man, daß es ein Getreidegras mit knapp 3 cm großen Ähren war. Aus dieser kümmerlichen Grundlage hatten die Indianer hunderte von veredelten Sorten gezüchtet: Einige waren den kühlen Höhenlagen angepaßt, andere wuchsen am besten im tropischen Tiefland, da gab es Sorten mit gelben, mit weißen, mit roten oder mit violetten Körnern...

Und neben dem Mais kultivierten sie eine Vielzahl von Bohnen. Sie bauten beides zusammen auf einem Feld an, um die Fruchtbarkeit des Bodens zu erhalten, die durch Mais allein schnell erschöpft wird. An den Wurzeln bestimmter Pflanzen sammeln sich nämlich Bakterien, die den Luftstickstoff binden – womit dann das gesamte Feld nach dem Umpflügen wieder angereichert ist.

Die europäischen Kolonisten übernahmen recht schnell das indianische Korn. Doch Kaiser Karl V. fand, daß sich dies für ein Siegervolk nicht schickte. Ihm schien es »christlicher«, Weizen zu essen – das Abendmahlsbrot des Herrn – und er verordnete daraufhin, daß aus der Staatskasse Belohnungen gezahlt werden sollten: Wer in Spanisch-Amerika Weizen zog, der sollte 300 Dukaten erhalten.

Das nützte aber wenig. Ein Getreide, das in nur 3 Monaten reif war, zu dessen Produktion man weder Pflüge noch Ochsen brauchte, mußte die Siedler für sich gewinnen.

Die Kombination von Mais und Bohnen waren die solide Ernährungsgrundlage der Indianerkulturen – und sie ist es für Millionen von Südamerikanern noch heute.

Weder die alten Inkas noch die heutigen Indios wissen etwas

über »Eiweißbedarfsdeckung« – sie wußten und wissen ganz einfach, daß ihnen diese Nahrung »bekommt«. Uns mußten erst die Wissenschaftler bestätigen, welche Qualität in dieser Nahrungsmittelkombination steckt. Wir decken unseren Eiweißbedarf vorzugsweise mit Fleisch und vergessen nur allzuleicht, daß es pflanzliche Nahrungsmittel gibt, die mindestens so eiweißreich wie Fleisch sind und deren Eiweiß in ganz bestimmten Kombinationen besonders gut von unserem Körper verwertet wird.

Die weltweit wohl erfolgreichste Zusammenstellung ist die Kombination von Getreidekost mit Hülsenfrüchten – aber es gibt auch andere, bekömmliche Verbindungen, die in der nachfolgenden Tabelle dargestellt sind:

Günstige Eiweißkombinationen:

(nach Krebs, o.J.)

	Milchprodukte	Eier	Getreideprodukte	Mais	Karoffeln	Hülsenfrüchte	Nüsse Samen
Milchprodukte			X	X	X	X	X
Eier					X	X	
Getreideprodukte	X					X	X
Mais	X					X	
Karoffeln	X	X					
Hülsenfrüchte	X	X	X	X			X
Nüsse Samen	X		X			X	

Gemeinsam

Wenn man allein träumt,
ist es nur ein Traum.
Aber wenn man gemeinsam träumt,
ist es der Anbruch der Wirklichkeit«

Enelia lebt in einem Andendorf.
Das Hauptproblem des Dorfes ist die Isolierung vom Markt. »Wir hatten nicht die Möglichkeit, unsere Ernte selbst zum Markt zu bringen. Die Lastwagenbesitzer, auf die wir angewiesen waren, setzten die Preise fest und beuteten uns aus...«

Das ganze Dorf hat deshalb Geld zusammengelegt, um einen LKW zu kaufen.

»Wir haben auch gelernt, unser Saatgut selber zu produzieren, um nicht von Zwischenhändlern abhängig zu sein« Diese Bauern knüpfen mit gemeinsamem Grundbesitz und gemeinsamer Bodennutzung an uralte Inkatraditionen an. Enelia erzählt: »Ich begleite meine Mutter, um weit draußen vor unserem Dorf *frijoles*, braune Bohnen, zu pflücken. Erst sind die Bohnen grün, aber wenn die Hülsen anfangen, hellbraun zu werden, sind sie ernte-reif. Jeder hat dazu eine Büchse. Wenn wir eine Bohne gepflückt haben, müssen wir die Hülse öffnen und die Bohnen in die Büchse fallen lassen. Mittagessen nehmen wir immer mit. Meistens sind es Bohnen mit Tortillas oder Bohnen mit Reis. Für unsere werden die Bohnen solange gekocht, bis sie weich sind. Dann nimmt man einen Teil aus dem Topf heraus, röstet ihn mit geriebenen Zwiebeln und Knoblauch in etwas Schmalz, zerdrückt die Bohnen und mischt dann dieses Püree mit den restlichen ganzen Bohnen.

Ein andermal kann es Mais sein, den wir ernten sollen. Ich hasse es, Mais zu ernten. Man bekommt immer etwas von den kitzeligen Fasern an den Körper, und es ist eine fürchterliche Arbeit, die Kolben von den Hüllblättern zu befreien.

Den Mais mahlen wir zu Hause und backen daraus Maiskuchen oder Trotillas. Tortillas essen wir zu allem und jedem und benutzen sie als Teller, Gabel und Löffel.

Oft essen wir auch einfach nur ein paar Pfefferschoten auf den Tortillas. Es gibt übrigens auch bei uns Menschen, die keine Pfefferschoten mögen – und kleine Kinder, die verbotene Ausdrücke gebrauchen, müssen ihren Mund zur Strafe mit Pfefferschoten waschen. Aber die meisten Leute bei uns sagen: »Chillies sind der Wein der Armen« und sie behaupten, daß sie genau herausschmecken können, welche und wieviele verschiedene Schoten für ein Gericht verwendet wurden.

Wenn wir zu Hause Gemüse essen, dann meistens Tomaten. Tomaten mag ich gerne pflücken. Ich sehe so gern die kleinen Tomatenpflanzen mit ihren feinen, roten Früchten. Und dann braucht man sie auch nur anzufassen und sie gehen schon ab. Wir haben immer zwei Holzkisten dabei. Eine für die Markt-Tomaten und eine für die Überreifen, die wir selber essen...«

So sieht Enelias Grundernährung aus:

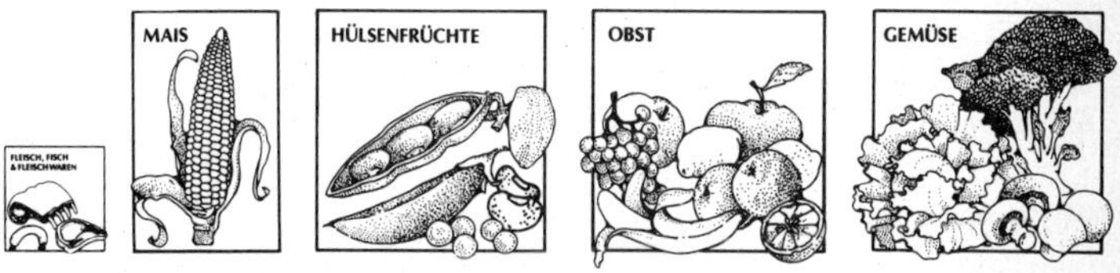

Sie ist in einer Woche hauptsächlich:
1300 g Mais
1000 g Bohnen
3000 g Gemüse (vor allem Tomaten)
3000 g Obst (vor allem Bananen und Papayas)
150 g Fleischprodukte

Die klassische Grundernährung in Südamerika besteht aus Mais und Bohnen – meistens in Form von Tortillas mit einer Sauce oder in Form eines Eintopfes.

Bohnen mit Kürbis und Mais

Bohnen, gekocht
3 Tassen frische Bohnenkerne oder
750 g Tomaten, gehäutet, entkernt, in Stücken
500 g Kürbis, in Würfeln

2 große Zwiebeln, fein geschnitten
1 Tasse Maiskörner
3 Knoblauchzehen, fein geschnitten
Olivenöl, Basilikum, Oregano, Salz, Pfeffer

Zwiebeln und Knoblauch in Öl glasig dünsten, Tomaten und Kräuter zugeben, die Temepratur erhöhen und das ganze mit etwas Wasser zu einem dicken Püree einkochen. Bohnen, Mais und Kürbis zugeben und das ganze Kochen, bis der Kürbis gar, aber nicht völlig zerkocht ist. Nochmals abschmecken.

Erdnuß-Suppe

1 Tasse Erdnüsse, ungesalzen und gerieben
4–5 Eßlöffel Mais, fein gemahlen
½ Tasse Erdnüsse, gesalzen
2 Zwiebeln, kleingeschnitten
½ l Brühe
1 kleiner Becher (150 g) saure Sahne
Koriander, Minze, Pfeffer, Salz
eventuell etwas Zitronensaft zum Abschmecken

Zwiebeln glasig dünsten, geriebene Erdnüsse, Brühe und Gewürze zugeben und rund 10 Minuten kochen lassen. Maismehl einrühren und aufkochen, bis die Suppe angedickt ist. Zum Schluß Sahne und gesalzene Erdnüsse zufügen, eventuell mit etwas Zitrone abschmecken und heiß oder kalt servieren.

Bohnen-Mais-Suppe

3 Tassen Bohnen, gekocht
2 Tassen Maiskörner
4 Tomaten, gehäutet, zerkleinert
1 große Zwiebel, gehackt
1 Tasse Sonnenblumenkerne, grob gehackt
1 Knoblauchzehe, fein gehackt
1 Becher Sahne
½ l Brühe, Salz, (Cayenne-)Pfeffer

Zwiebeln und Knoblauch in Fett glasig dünsten, Tomaten zugeben und kurz mitdünsten. Einen Teil der Bohnen etwas zerdrükken. Alles miteinander vermengen, kurz aufkochen und am Schluß die Sahne unterrühren. Nochmals abschmecken.

Tortillas

Tortillas sind das Brot Lateinamerikas. Sie herzustellen ist eine hohe Kunst. Noch heute kann man in Südamerika zuschauen, wie sie auf alte Art und Weise geknetet werden: Dazu kauert sich eine Indianerfrau vor eine Steinplatte auf den Boden. Sie legt dann einige Handvoll Maiskörner auf die Platte und schrubbt sie wie beim Wäschewaschen mit einer Steinrolle. Wenn der Teig dann die richtige Konsistenz hat, nimmt die Frau schließlich ein etwa golfballgroßes Stückchen zwischen die angefeuchteten Hände und – klatsch, klatsch, klatsch – ehe man sich versieht, hat sich der Ball in einen runden Kuchen verwandelt – knapp 3 mm dick und 15–20 cm im Durchmesser.

2 Tassen Mais, sehr fein gemahlen
etwa 1 Tasse Wasser, Salz

Während man das Wasser langsam zugießt, einen festen Teig kneten. Kleine Stücke davon zwischen Folie dünn auskneten. In mäßig heißer Pfanne hellbraun braten. Solche Getreidefladen gehören mit zu den ältesten Getreidezubereitungen – sind aber nicht ganz einfach herzustellen. Man kann das Mehl aber auch hilfsweise mit Ei binden (1 Ei auf 1 Tasse Mehl – kaum Wasser) und aus dem ausgerollten Teig rund 8cm große Fladen ausstechen – dann ist es »kinderleicht«.

Tortillas sind keine Pfannkuchen in unserem Sinne, die man fast alleine essen kann. Zu Tortillas gehört unbedingt eine würzige Beigabe – am besten in Form einer Sauce. Echt südamerikanische Saucen enthalten fast immer Chillies – zum Glück schmecken sie aber auch dann köstlich und ungewöhnlich, wenn sie nur wenig oder gar nichts davon enthalten.

Mole

Mole (molli – ein aztekisches Wort = mit chillies gewürzt) Um die Entstehung dieser Mole rankt sich eine Legende aus dem 16. Jahrhundert. Damals sollen die Nonnen des Klosters Santa Rosa in der Stadt Puebla den Besuch des Erzbischofs erwartet haben und in Panik geraten sein, da sie nicht wußten, was sie dem hochwürdigen Herrn vorsetzen sollten. Schließlich versammelten sie sich, beteten und begannen – mit himmlischer Führung – alles zu zermahlen, was in der Klosterküche an Eßbarem aufzutreiben war.

In Wirklichkeit ist allerdings diese Sauce eine typische aztekische Zusammenstellung – sie muß bereits viel früher in den Töpfen der Indianer gedampft haben:

5 Tomaten, gehäutet, entkernt
1 große Zwiebel, kleingeschnitten
(10 Pfefferschoten, kleingeschnitten)
3 Tassen Brühe

1 Tasse Mandeln, gemahlen
½ Tasse Rosinen
2 Eßlöffel Sesamsamen, gemahlen
2 Eßlöffel Weizen, gemahlen
1 Knoblauchzehe, fein gehackt
je ½ Teelöffel Zimt, Koriander, Anis
Salz, Pfeffer
2 Rippen Bitterschokolade, Knoblauch

Tomaten, Zwiebeln, (Pfefferschoten), Rosinen miteinander pürieren. Mandeln und Sesamsamen unterrühren. Die Masse im Topf erwärmen und Brühe, Mehl und Schokolade zugeben. Kochen, bis die Schokolade sich aufgelöst hat. Mit den Gewürzen abschmecken.

Avocado-Sauce

---

1 Avocado, gewürfelt
1 Tomate, gehäutet, entkernt und gewürfelt
½ Paprika, gewürfelt
1 Ei, hartgekocht und gewürfelt
(1 Pfefferschote, feingehackt)
Petersilie und etwas Kerbel, feingehackt
¼ Tasse Olivenöl
Zitrone, Salz, Pfeffer

Alle Zutaten vorsichtig vermengen, Sauce darübergeben und noch einmal gründlich aber vorsichtig durchrühren.

Erdnuß-Sauce

3–4 Tomaten, gehäutet, entkernt, in Stücken
1 Tasse Erdnüsse, geröstet und gemahlen
1 Tasse frische Kokosnuß, gerieben
1 Zwiebel, feingehackt
(1 Pfefferschote, feingehackt)
1 Eßlöffel Petersilie, feingehackt
1 Eßlöffel frischer Ingwer, gerieben
2 Eßlöffel Mehl, mit 2 Eßlöffel Wasser angerührt,
Salz, Pfeffer

Zwiebeln in der Pfanne glasig rühren, dünsten, Tomaten und Pfefferschote zugeben, 10 Minuten auf kleiner Flamme dünsten, die übrigen Zutaten einrühren, weitere 10 Minuten dünsten, zum Schluß Mehl einrühren und aufkochen, bis die Sauce angedickt ist. Mit Petersilie bestreut servieren.

Maismehl-Fladen

1 Tasse Mais, mehlfein gemahlen
1 Tasse Weizen, mehlfein gemahlen
2 Eier
¼ Tasse Öl + ¼ Tasse Wasser
1 Eßlöffel Sirup, Backpulver, Salz

Alles zu einem glatten Teig verarbeiten. Etwa 1 cm dicke Fladen in der Pfanne goldbraun backen.

Maispüree

4 Tassen frische Maiskörner
2 Eier
⅓ Tasse Milch
½ Tasse grob gehackte Schalotten
(¼ Tasse grob gehackte Paprikaschoten)
⅓ Tasse würzigen Käse (Parmesan, alter Gouda), frisch gerieben
Butter, Edelsüßpaprika, Pfeffer, Salz

Mais und Milch grob pürieren, mit Eiern und Gewürzen verquirlen. Schalotten (und Pfefferschoten) in Butter andünsten, Maispüree zugießen und bei schwacher Hitze schon teilweise stocken lassen. Zum Schluß noch den Käse einrühren und sobald er geschmolzen ist, servieren.

Maisschnitten

3 Tassen Mais, grob geschrotet
1 Tasse Grünkern, grob gemahlen
1 l Brühe
1 Zwiebel, fein geschnitten
1–2 Knoblauchzehen, fein geschnitten
100 g Gorgonzola (oder anderen Schimmelkäse)
Petersilie, fein gehackt, Estragon, Salz, Pfeffer, Muskat

Zwiebeln und Knoblauch glasig dünsten, mit Brühe auffüllen. Mais und Grünkern in die kochende Brühe einrühren und zu einem festen Brei kochen. Käse einrühren. Mit den Gewürzen abschmecken. Die Masse auf Pergamentpapier 2 cm dick ausstreichen und abkühlen lassen. In Stücke schneiden und diese in der Pfanne goldgelb backen. Mit Petersilie bestreut servieren.

Enelia

Das bundesrepublikanische Durchschnittskind

Früchte in Hülle und Fülle...

...sind das typische Merkmal aller südamerikanischen Küchen, sie gehören zum täglichen Brot – selbst für die Ärmsten. Immer frisch und aromatisch verfügbar sind vor allem Bananen – von denen in Lateinamerika mindestens ein Dutzend Sorten zum üblichen Marktangebot gehören – dann Papayas (Baummelonen), die als Frühstücksobst besonders beliebt sind. Ebenso gehören Avocados zur alltäglichen Kost und auch Ananas – um hier nur einige Früchte zu nennen, die auch bei uns allgemein bekannt sind.

Wir haben schließlich eine gewisse Schwäche für exotische Früchte und bieten bei besonderen Gelegenheiten lieber Ananas und Kiwis als Äpfel und Birnen an – dabei ist das, was wir hier an diesen Früchten kaufen, geschmacklich nur ein schwacher geschmacklicher Abglanz der Früchte, wie sie in Südamerika gegessen werden.

Aber was noch viel bedauerlicher ist: Wir vernachlässigen unser heimisches Obst dabei ganz sträflich! Wir suchen nach neuen Geschmacksreizen bei fremden Früchten und geben uns widerspruchslos damit zufrieden, daß beispielsweise unsere Apfelkultur immer mehr verarmt. Was kaufen wir hier, womit sind wir zufrieden? Ausgerechnet mit dem langweiligsten, wässerigsten Apfel, dessen einziger Reiz sein schöner Name ist!

Wir fragen unseren Kaufmann, ob er Kiwis hat – aber haben sie schon einmal nach Berlepsch oder Idared verlangt?! Was das ist?

Das sind besonders würzige Apfelsorten!

Der Apfelmarkt ist arm geworden – und damit wir nicht soweit kommen, daß wir eines Tages nur noch eine Sorte am Markt haben, sollten wir »Apfel-Tage« machen:

Zuerst einmal müssen wir dafür klären, welche Sorten wir überhaupt noch – eventuell – kriegen können.

Hier *unsere* Favoriten – immer eher knackig-würzig:

Sorte	Reifezeit	Haltbar bis	Vitamin C*-Gehalt (mg) in 100 g = ca. ½ Apfel)
Weißer Klarapfel	Juli	August	15
James Grieve	Aug./Sept.	Oktober	10
Goldparmäne	September	November	15
Berlepsch	September	Februar	30
Glockenapfel	Oktober	Juli	8
Idared	Oktober	Juli	20
Boskoop	Oktober	Mai	15

* Der Vitamingehalt ist natürlich nur eine sehr ungefähre Angabe.

Interessant ist vielleicht nur der Vergleich mit dem Vitamingehalt unserer »Lieblingssorten« aus Südimporten – der meist unter 5 mg liegt. Und dann gilt auch noch die Faustregel: Vitamin-C-Gehalt, Herzhaftigkeit und Gehalt an anderern Werten sind eng miteinander verbunden.

Es gibt noch etliche andere Apfelsorten – man muß nur nach ihnen suchen.

Wenn sie eine entsprechende Liste zusammengestellt haben, fangen sie an, ihren Kaufmann zu nerven: Fragen sie nach den Sorten, die sie interessieren.

Er wird ihnen »nicht dienen« können – wenn ihn allerdings viele Verbraucher so fragten, würde er wahrscheinlich auch reagieren.

Aber da wir so anspruchslose Konsumenten sind, werden wir im Geschäft wahrscheinlich doch keinen Erfolg mit dieser Taktik haben. Wir müssen auf den Markt oder direkt zum Bauern, um noch einen Rest Apfelvielfalt zu entdecken.

Wenn wir dann vielleicht drei oder sogar vier Sorten zusammen haben (Golden Delicious, Granny Smith und Cox Orange aus Südafrika zählen nicht!!) kann das gemeinsame Apfelessen beginnen:

Wir reingien die Äpfel gründlichst (lauwarm waschen und abreiben), und stellen sie in einer schönen Schale mitten auf den Tisch. Man kann das besonders gut vor einer Mahlzeit machen oder abends zum gemeinsamen Abschluß des Tages.

Jeder ißt, wie er mag, einfach reinbeißen oder fein zerschneiden, mit oder ohne Schale... und dann kommt das Beschreiben von Geschmack oder Fruchtfleisch:

- für das Fruchtfleisch:
  saftig – mübe – locker – knackig – fest – mehlig...
- für den Geschmack:
  würzig – aromatisch – säuerlich – süßlich – feinsäuerlich – mild – nußartig – feinwürzig...

Und vielleicht fällt Ihnen noch mehr ein, wenn Sie so den guten alten Apfel wieder neu entdecken!

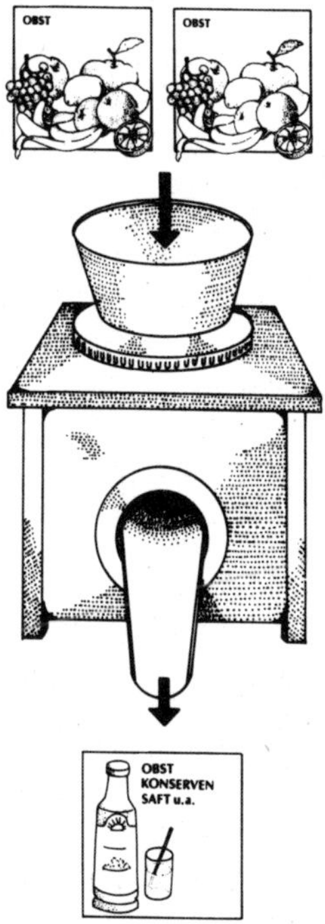

Unser üblicher Früchtemißbrauch

Mais-Geschichten

Die Pilgerväter, die mit der Mayflower nach Nordamerika gekommen waren, wären fast zugrunde gegangen – hätten sie nicht das Grundnahrungsmittel der Indianer, den Mais übernommen. Auch die einfachen Indianer Nordamerikas hatten dasselbe ackerbauliche Wissen wie die Hochkulturen Mittelamerikas und gaben beispielsweise die Regel, daß man den Mais mit Bohnen pflanzen müsse, an die Einwanderer weiter. In den Mythen der Indianer waren der Mais und die Bohne ein Liebespaar – deshalb ranke sich die Bohne um den Mais.

Die Arbeit am Mais war Frauensache – denn er stellte so wenig Ansprüche an die menschliche Kraft wie ein Gemüse: »Ein Loch, vier Zoll tief und vier Maiskörner«, so erzählt es Dorothy Giles, »und die Erde trocken darübergebracht mit der Hacke... Einen Monat später und der Grund, auf dem die Holzaschedüngung liegt, regt sich im Wind von zartgrünen Blättern. Noch einmal hilft die Hacke nach, und schon tanzen die Quasten um den reifen Kolben. Bald wird in unseren eisernen Töpfen der süße, milchige Maissaft kochen. Und wenn dann wieder der Vollmond aus dem See steigt, wird er riesige Körbe bescheinen, in denen unser Schatz gehäuft ist...«

Der Mais war es, der den Einwanderern half, die Neue Welt so schnell zu erobern. »Stellt euch vor, überlegte ein Amerikaner um 1900, daß unsere Väter mit ihrer Ernährung vom Weizen abhängig gewesen wären. Sie hätten 100 Jahre länger gebraucht, die Rocky Mountains zu erreichen... Mais braucht nur ein Drittel der Zeit zwischen Pflanzung und Ernte. Weizen verlangt ständig umsorgte Böden, muß im Herbst gesät werden, und durch neun Monate bewacht, bis man ihn schließlich ernten kann. Nun stellt euch die Pioniere vor, in der Tiefe unserer Wälder auf die Weizenernte wartend. Jede Pionierfrau konnte um ihre Blockhütte herum ein

Streifchen Erde mit Mais besäen. Wenn sie es im April besorgte, konnten sie und die Kinder sechs Wochen später schon die ersten gerösteten Ähren essen...«

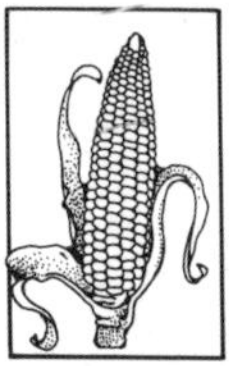

In Europa blieb die Maispflanze zuerst einmal eine botanische Kuriosität. Nur die Venezianer begriffen sehr schnell den Wert dieser so relativ anspruchslosen Nahrungspflanze: Die Venezianer errichteten auf Kreta Maisplantagen und verkauften die Ernten an alle Mittelmeervölker – sogar an die eigenen Todfeinde, die Türken. Diese Völker waren zwar in der Antike großartige Landwirte gewesen – aber inzwischen waren die alten Kenntnisse vom Düngen und vom Bewässern längst in Vergessenheit geraten. Der Mais schien den Mohammedanern deshalb das Paradieskraut zu sein, von dem ihnen Mohammed geredet hatte, das »mit der Schnelligkeit eines Lidschlags« wuchs und wenig Ackerarbeit verlangte. So wurde aus dem »indian corn« das »türkische Korn«, das dann auf diesem Umweg innerhalb des nachfolgenden Jahrhunderts ganz Südeuropa eroberte.

Aber die Europäer begingen einen folgenschweren Irrtum: Sie hatten nämlich nur den pflegeleichten Mais – nicht aber die großartigen landwirtschaftlichen und ernährungswissenschaftlichen Kenntnisse der »gottlosen Primitiven« übernommen: Die Mexikaner, die Peruaner, die Apachen, die Irokesen – sie aßen den Mais *nie allein.* Sie mischten Mais mit Kürbismehl, mit Bohnenmehl, mit der Asche von den Stengeln von Bohnen, mit Walnüssen – und sie zerkleinerten mit ihren Handmühlen das *ganze* Maiskorn zu Mehl.

In Europa lief alles ganz anders: Zum einen aßen die Armen immer nur Mais und nichts als Mais und zum anderen wurde die

Mühlentechnik recht bald so »verbessert«, daß man aus allen Getreiden Feinmehl gewann.

Im Jahre 1730 entdeckte ein spanischer Arzt eine neue Krankheit: Gewisse Veränderungen der Haut waren ihr erstes Kennzeichen, weshalb man sie pelle agra (= rauhe Haut) nannte. Das zweite Stadium bestand in Störungen des Magen-Darmtraktes und im Endstadium nistete sich die Krankheit im Rückenmark ein. Schwere Nervenanfälle bis zum Verfolgungswahn traten auf.

Die Krankheit griff in Europa um sich – und nach vielem und langem Rätselraten waren sich die Wissenschaftler Anfang des 19. Jahrhunderts einig, daß Pellagra eine chronische Maisvergiftung sei! Man begann in Europa den Mais zu fürchten – und aus vielen Ländern verschwand er als Nahrung – um so schneller, als damals auch schon die Weizenanbauer großen Stils bereitstanden, alle Marktpositionen zu nehmen, die ihnen der Mais überließ. Fast der gesamte in Europa angebaute Mais wurde zum Viehfutter degradiert.

Wo das Unrecht lag, das man dem Mais tat, fanden die Wissenschaftler erst im letzten Drittel des 19. Jahrhunderts heraus, als auch die Schulwissenschaft anerkannte, daß in Nahrungsmitteln mehr stecken müsse als die reinen Nährstoffe, und als man mit der offiziellen Vitaminforschung begann. Man entdeckte, daß die Pellagra eine *Mangelkrankheit* ist, die nicht im uralten Maiskorn, sondern in der modernen Mühle entsteht, die die besten Teile des Korns wegschneidet und aus den wertlosesten die »feine« Menschennahrung macht. Als im Gefängnis von Rhodesia der allzugut gemahlene Mais durch handgemahlenen ersetzt wurde, schrieb ein Beobachter 1912, grenzte der Effekt an ein Wunder.

In den Schalen und im Keim steckt alles, was das Korn so wertvoll macht – und jede Getreidesorte hat dabei ihre ganz speziellen Werte: Hirse ist auffallend eisenreich, Hafer enthält viel Kupfer, Buchweizen zeichnet sich durch besonders viel Kalium aus... und das sind alles Stoffe, an denen es uns dank moderner Aufbereitung der Getreide fehlt. Ein paar »angereicherte« Vitamine machen diese Vielzahl an Wirkstoffen auch nicht wett!

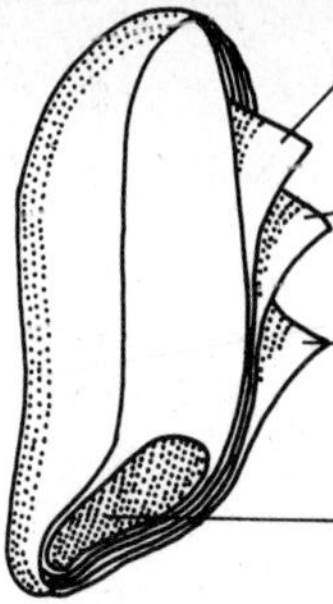

Unsere Mängel sind nicht mehr so kraß wie früher bei den Pellagra- und Beri-Beri-Kranken – aber auch eine schleichende Unterversorgung macht irgendwann richtig krank, wenn sie so dauerhaft ist wie bei uns.

Der Körner-Kampf

Unsere Getreideernährung ist recht armselig geworden. Wir essen fast nur Weizen und Roggen, und diese Sorten zu 95% in Form von Feinmehlprodukten.

Daß es soweit gekommen ist, hat nicht nur mit Geschmack und Backfähigkeit zu tun, sondern viel mehr mit unserem Drang nach »Höherem« und heute vor allem auch mit den Absatzinteressen von Getreidegroßhändlern.

Schon in der Antike begann der Hafer an Boden zu verlieren. Ein Pech war es, daß er ein so gutes Viehfutter abgab. Alle Völker, die ihre Tiere als Knechte betrachteten, wollten nicht mehr dasselbe essen wie sie. Die alten Griechen, die geröstete Gerste schätzten, sahen tief auf die Scythen herab, die wie ihre Pferde Hafer aßen – und die Römer sahen mit dem selben Mißtrauen auf die haferbegeisterten Germanen. Und im Mittelalter dasselbe: Kein französischer oder englischer Ritter hätte berührt, was auch sein Pferd aß. Nur die Iren und Schotten schätzten ihren Haferbrei. Es gibt die Anekdote von einem Engländer, der herablassend erwähnt, daß Hafer berühmt sei als Nahrung für Männer in Schottland, für Pferde in England und der von einem Schotten die Antwort erhält, daß ja auch England nun einmal berühmt sei für seine Pferde und Schottland für seine Männer.

Noch zu Goethes Zeiten aß man diesseits des Rheins mehr Roggen und jenseits mehr Weizen – doch nach der französischen Revolution wollte keiner mehr was anderes essen als »das Brot der französischen Herren« – die so lange die Kultur Europas beherrscht hatten.

Aber hierbei ging es eben nicht mehr nur um die Frage, ob Roggen oder Weizen, sondern die Menschen wollten vor allem endlich das Feinmehlbrot der »Feinen Herren« haben.

Bald brauchte Europa mehr und mehr Weizen – vor allem auch für seine rapide wachsende Stadtbevölkerung.

Man kam auf die vorteilhafte Idee, ihn in Amerika zu kaufen, ein vorteilhafter Handel, vor allem auch für die aufstrebende europäische Industrie, weil man bei diesem Handel mit europäischen Industriegütern bezahlen konnte.

Mitte des 19. Jahrhunderts war die europäische Landwirtschaft zwar noch durch Schutzzölle behütet – und die herrschenden Konservativen, die vor allem auch Vertreter der Großgrundbesitzer waren, klammerten sich an diesen Schutz. Doch erfolglos. Es gab gut zwei Jahrzehnte lang erbitterte Kämpfe um die Zollfrage – und in dieser Zeit konnten sich Amerikas Weizenanbauer und Weizenhändler für den neuen Markt rüsten.

1865 waren dann alle Zölle aufgehoben – und ein riesiger Getreidestrom ergoß sich von Amerika nach Europa. Und heute kontrollieren fünf amerikanische Getreide-Multis den Weltgetreidehandel fast alleine.

Früher waren Körner zuerst und vor allem ein Nahrungsmittel. Heute sind sie zuerst und vor allem eine Handelsware. Wie kriegerisch es auf diesem Sektor zugeht, zeigen Zeitungsmeldungen wie diese:

Handelskrieg USA – EG: »Heißer Sommer« in Sicht

MÜNCHEN (dpa/vwd). Mit aggressivem Vorgehen gegen Handelsbeschränkungen werden die USA künftig weiter versuchen, auf dem Agrarmarkt verlorene Marktanteile beim Geteideexport zurückzugewinnen. Das sei ein nationales Ziel, sagte US-Landwirtschaftsminister Richard Lyng vor dem Coceral-Kongreß des europäischen Getreidehandels in München.

Er drohte mit höheren Zöllen der USA auf EG-Güter ab dem 1. Juli, um gestiegene EG-Zölle zu kompensieren. Als gezielt und effizient bezeichnete der Vizepräsident und Agrarkommissar der EG-Kommission, Frans Andriessen, die EG-Gegenmaßnahmen auf das aggressive Verhalten der

USA und mahnte sie, die EG nicht für eigene Fehler in der Agrarpolitik zum Sündenbock zu machen. Er erwarte einen »heißen Sommer«.

Übereinstimmend sprachen sich Lyng und Andriessen für Verhandlungen aus, um einen Handelskrieg zwischen USA und EG zu vermeiden. Das Agrarhandels-Chaos könne korrigiert werden, sagte Lyng und forderte entsprechendes Engagement der Europäer bei den anstehenden Gatt-Verhandlungen.

Andriessen verwahrte sich gegen den Vorwurf des Verdrängungswettbewerbs der EG auf den Weltgetreidemärkten. Wenn die USA hart auf die Folgen der EG-Erweiterung und auf das Geschehen auf dem Getreidemarkt reagierten, sei die EG gezwungen zu kontern.

BZ 21.6.86

Das große Körnergeschäft hat sich längst gelöst von den Bauern, die sie anbauen und von den Menschen, die sie essen.

Asien

»Wo der Reistopf kocht, wird kein Brot gegessen«

Amerikas Weizenproduzenten versuchten auch Asien zu erobern – aber vergeblich. Zumindestens galt dies für den feuchten und heißen Südosten. Der Reis gedeiht in Temperaturen, die kein Brotgetreide aushält und hinzu kommt in Asien eine tiefverwurzelte Verbundenheit mit der eigenen Eß-Tradition:

Indien und China sind wahrscheinlich die Urheimat der Reiskultur. Ein altes chinesisches Buch erzählt vom Kaiser Shennung, der 2800 v. Chr. neben Soja, Weizen, Hirse und Gerste auch Reis kultivierte. Und vom Kaiser Jao ist uns überliefert, daß er um 2350 v. Chr. am Jangtse-Kiang große und kostspielige Bewässerungsanlagen bauen ließ, um die Reiskulturen zu erleichtern.

Von China breitete sich der Reis nach Süden aus. Von Indien kam er im letzten vorchristlichen Jahrhundert über Persien ans Mittelmeer.

Von allen Getreidesorten verlangt Reis die meiste Pflege – deshalb wird er in größeren Mengen nur dort angebaut, wo viele, billige menschliche Arbeitskräfte vorhanden sind.

Auf triumphale Weise vegetarisch...

83 % der Inder sind Hindus und damit Vegetarier.

Radha stammt aus einer Hindu-Familie. Sie ist heute 25 Jahre alt und konnte es durchsetzen, Lehrerin zu werden – statt abzuwarten, bis die Familie sie verheiratet.

Zur Schule gehen, das war für sie nicht so einfach wie bei uns: Sie und die anderen Studenten errichteten selber ihre Wohnhäuser auf dem Campus und bauten die Lebensmittel für den Eigenbedarf an.

Aufgewachsen ist sie in einem indischen Dorf. Radha erzählt: »Der Morgen beginnt in Indien sehr früh. Gegen 5 Uhr rief uns meine Großmutter – im kleinen Reich der Familie ans Befehlen gewöhnt – zum Frühstück. Meistens bestand es aus Reiskuchen und einer Art Erbspüree und Früchten. Nachmittags gab es andere Varianten des gleichen Themas: Pfannkuchen aus Reis und Linsen oder Bohnen und dazu Früchte. Abends gab es dann meistens ein Reisgericht mit Gemüse und Joghurt.

Wenn der Reis reif war, mußten alle von Sonnenaufgang bis Sonnenuntergang bei der Ernte helfen. Wir Kinder konnten noch nicht mit der Sichel umgehen und den Reis schneiden – deshalb machten wir dann zuerst einmal andere Arbeiten: Ich brachte schon mit sieben Jahren die Büffel zum Fluß, damit sie trinken und ihr tägliches Bad nehmen konnten.

Sobald es ans Dreschen ging, mußten wir Kinder dort helfen. Die Frauen saßen auf Matten, und schlugen mit raschen, kräftigen Handbewegungen die Reiskörner von den Halmen während wir Kinder die Halme zum Trocknen ausbreiteten: Aus dem Reisstroh wurden Dächer, Hüte, Matten, Sandalen und jede Art von Vorratskörben angefertigt.

Waren die Halme trocken, dann trugen die Frauen und größeren Mädchen sie in meterhohen Bündeln auf dem Kopf heim.

Zuhause mußte ich meiner Großmutter bei der Küchenarbeit helfen – was meistens hieß, Reis oder Linsen zu verlesen. Die Küche war für meine Großmutter ein ganz besonderer Ort. Vor allem mußte sie makellos sauber sein. Keiner durfte sie mit Schuhen betreten.

Einen großen Teil der hinteren Küchenwand nahm der Herd ein. Neben dem Herd befand sich eine niedrige Plattform aus Ziegeln, die mit einer Schicht Kuhmistasche bedeckt waren. Diese Asche hält die Hitze lange und wurde zum Warmhalten von Töpfen und Speisen und zum Backen verwendet. Da es keine Backofen gab, kam der Teig zum Backen in einer Pfanne in die heiße Asche, und der Deckel wurde mit glühender Holzkohle bedeckt.

In einer Ecke hatten die beiden massiven Steinscheiben der Mühle ihren Platz: Der obere Mühlstein hatte am Rand einen hölzernen Griff und zur Mitte hin zwei Löcher. In diese Löcher ließ eine der Frauen des Hauses langsam die Körner gleiten und eine andere drehte am Griff – so wurde das Mehl für den Tag gemahlen.

Neben der Mühle lag ein kleiner, flacher Stein mit einem Stößel, der besonderen Respekt genoß: Er wurde für die Gewürze benutzt, die jeden Tag für jede Mahlzeit in der richtigen Zusammensetzung frisch zerstoßen wurden... So sah Radhas Grundernährung aus:

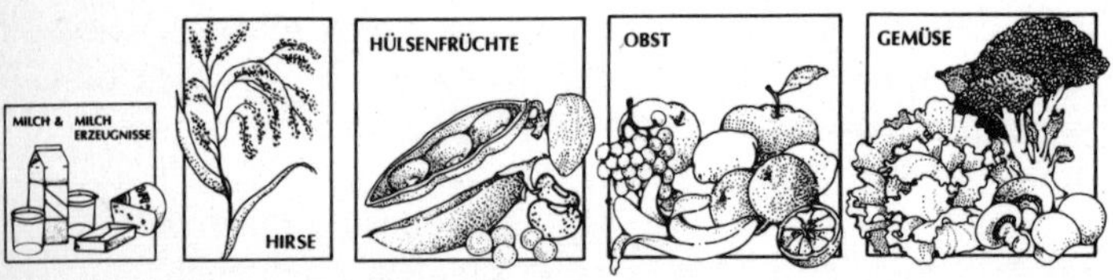

Sie aß in einer Woche hauptsächlich:

- 3 l Milchprodukte (vor allem Joghurt)
- 1,3 kg Getreide, hauptsächlich Reis, aber auch Weizen und Hirse

- 1,2 kg Hülsenfrüchte
- 3 kg Obst
- 2,5 kg Gemüse

Fladen oder Pfannkuchen sind ein Grundbestandteil der indischen Küche. Sie werden beispielsweise zusammen mit Joghurtspeisen oder Gemüsecurrys gegessen.

Reispfannkuchen

1½ Tasse Reis
½ Tasse rote Linsen
1 Zwiebel, fein gehackt
1 Eßlöffel frischer Ingwer, gemahlen
2 Eßlöffel Petersilie, fein gehackt
(1 Pfefferschote, fein zerkleinert)
Salz

Reis und Linsen waschen und rund 3 Stunden einweichen, dann im Mixer pürieren. Soviel Einweichwasser zugeben, daß ein glatter, fester Teig entsteht. Bei Zimmertemperatur über Nacht stehen lassen. Kurz bevor die Pfannkuchen gebraten werden sollen, die übrigen Zutaten und noch etwas Wasser einrühren. In einer sehr heißen, gefetteten Pfanne dünne Pfannkuchen backen.

Kichererbsenfladen

2 Tassen Kichererbsen, gekocht und püriert
1 Tasse Weizenschrot
1 Tasse altbackenes (Weiß-)Brot, eingeweicht und zerbröckelt
Saft einer Zitrone
1 Knoblauchzehe, fein gehackt
2 Eßlöffel Petersilie, fein gehackt
Koriander, Kreuzkümmel, Pfeffer, Salz

Alle Zutaten zu einem Teig verkneten. Kleine Fladen formen, eine Stunde trocknen lassen und in der Pfanne backen.

(Wenn ein Kind oder ein »Anfänger« solche Fladen backen will, kann es ganz hilfreich sein, dem Teig durch ein Ei etwas mehr Bindung zu geben)

Radha erzählt:
...Europäer beurteilen eine vegetarische Mahlzeit häufig danach, wie nahe sie einer nicht-vegetarischen Mahlzeit kommt – indische Vegetarier versuchen gar nicht, ein fleischloses Gericht so zu machen, daß es aussieht, schmeckt, riecht und sich anfühlt wie eines mit Fleisch. Ihr Ziel ist das genaue Gegenteil: Eine vegetarische Mahlzeit muß offenkundig, ja auf eine sozusagen triumphale Weise vegetarisch sein.

In Europa glaubt man, Reis sei eigentlich ein schlichtes, unveränderliches Korn, daß allenfalls als Beilage oder für Kinder zu Milchreis gekocht werden kann. Ein indischer Vegetarier betrachtet Reis mit weit größerem Respekt. Eine indische Hausfrau kocht eine bestimmte Mahlzeit auch nur mit einer ganz bestimmten Reissorte – und genauso wählerisch sind die Inder mit ihren Hülsenfrüchten.

»An Festtagen bewies unsere Großmutter, wie köstlich Reis schmecken kann: Da gab es ihren fabelhaft scharfen Tamarindenreis, den aufregend sauren Zitronenreis, die stille schneeige

Schönheit von Kokosnußreis... und einen wunderbar duftenden und delikaten süßen Reis, den sie gewöhnlich mit braunem Zukker süßte, ganz zart mit Safran, Kardamom und Muskatnuß würzte und reichlich mit Cashewnüssen, Rosinen und Kokosnuß mischte – eine Süß-Speise, himmelweit entfernt vom klebrigen, europäischen Milchreis mit Zimt und Zucker...

Ingwerreis mit Trockenfrüchten

1 Tasse Reis
Je ½ Tasse Datteln, Feigen, Rosinen, Nüsse, kleingehackt
1 Teelöffel Ingwer, frisch gerieben
(Kardamom), Salz, Zucker, Butter, Sahne

Gegarten Reis mit den übrigen Zutaten vermengen, mit Gewürzen und etwas Butter und Sahne abschmecken.

Cashewnuß-Reis

2 Tassen Reis
3 Tassen Wasser + 1 Tasse Zitronensaft
1 knappe Tasse Cashewnüsse, grob zerhackt
4 Eßlöffel Kokosnuß, fein gerieben
3 Eßlöffel Petersilie, fein gehackt
(1 Eßlöffel Pfefferschoten, fein gehackt)
1 Eßlöffel Ingwer, frisch gerieben
Salz, je ½ Teelöffel Senf + Nelken, frisch gerieben

Nüsse und Gewürze in Fett kurz anrösten. Wasser, Reis, Kokosnuß, Salz (und Pfefferschoten) dazugeben, 15 Minuten kochen und 15 Minuten ausquellen lassen. Dann Zitronensaft und Petersilie dazugeben und nochmal etwas stärker erwärmen, bis der Reis alle Flüssigkeit aufgesogen hat.

Bananenreis-Suppe

4 Bananen, in Scheiben geschnitten
2 Teelöffel gekochten Reis
1 Zwiebel, fein geschnitten
1 l Brühe
1 Becher saure Sahne
3 Eßlöffel Mehl, Zitronensaft, Salz

Bananen und Zwiebeln andämpfen, mit Brühe auffüllen, wenn sie kocht, angerühtes Mehl einrühren, Reis zugeben. Zum Schluß Sahne unterrühren und abschmecken.

Grüne Bohnen mit Kokosnuß

500 g frische grüne Bohnen, fein geraffelt
4 Eßlöffel frische Kokosnuß, gerieben
1 Zwiebel, feingehackt
2 Eßlöffel Petersilie, feingehackt
2 Eßlöffel Zitronensaft

Je 1 Teelöffel Ingwer und Senf, frisch gerieben, Salz, Pfeffer, Zwiebeln und Gewürze in einem Topf kurz andünsten. Grüne Bohnen dazugeben, rund 5 Minuten dünsten lassen und dann die Kokosnuß dazugeben. Auf kleiner Flamme, unter gelegentlichem Rühren noch höchstens 10 Minuten dünsten – bis die Bohnen weich sind. Zum Schluß die Petersilie dazugeben, mit Zitronensaft beträufeln und abschmecken.

Weiß, Weißer, am Weißesten...

Schon am Ende des 19. Jahrhunderts hatten holländische Beobachter herausgefunden, daß sich die Beri-Beri-Krankheit – eine schwere Vitamin-B-Mangel-Krankheit – überall dort ausbreitete, wo die modernen Maschinenmühlen die primitiven Handmühlen ersetzten:

Auch der Reis wurde ein Opfer unseres Drangs zum Feinen, zum Weißen. Bei ihm wurden die Werte, die in den Randschichten, dem sogenannten Silberhäutchen und im Keim stecken, weg*poliert* damit er die glasig-transparente »Schönheit« erreiche, die wir noch bis vor wenigen Jahren einheitlich und auch heute noch mehrheitlich erstreben – was man aus den Umsatzzahlen von Kochbeutelreis schließen kann.

Reis muß »heiß und weiß« sein, heißt es in gar nicht so alten Kochbüchern. Und in einem kaum 10 Jahre alten Reiskochbuch können wir lesen: »Es ist wohl richtig, daß mit dem Verlust des Keimlings und des Silberhäutchens ein Verlust des Vitamin B eintritt – aber was macht diese kleine Menge schon aus!« Nun ja – eine kleine Menge addiert sich bei uns zur anderen kleinen Menge – und heute leiden wir alle bekanntermaßen an Vitamin-B-Mangel!

Das ganze Korn – wohl gefügt...

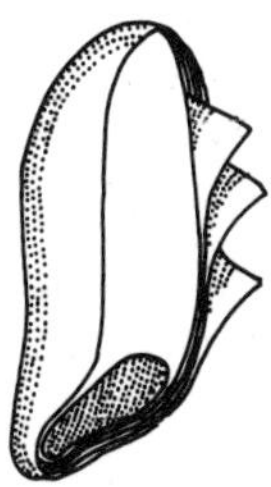

Gemüseallerlei mit Kokosnuß

2 grüne Paprikaschoten, gewürfelt
1 große Mohrrübe, in Scheiben geschnitten
1 Brokkolistengel, in Stücke geschnitten
125 g grüne Bohnen, in Stücke geschnitten
6 Schalotten, grob gehackt
(1 Pfefferschote, fein gehackt)
2 Tassen frische Kokosnuß, grob zerkleinert
½ Tasse kaltes Wasser
2 Knoblauchzehen, fein gehackt
1 kleine Zwiebel, fein gehackt
1 Eßlöffel frischer Ingwer, gerieben
2 Teelöffel Koriander, gemahlen
etwas Senf, frisch gerieben

Die Hälfte der Kokosnuß mit dem Wasser im Mixer pürieren. Die zuletzt genannten Zutaten andünsten. Etwas Wasser und das Gemüse dazugeben. 10 Minuten dünsten lassen, dann die Kokosnuß einrühren. Noch etwas dünsten lassen, bis das Gemüse weich ist. Vor dem Servieren die Petersilie einrühren.

Als Ergänzung zu solchen Gemüsegerichten ißt Radha Reis und Joghurtspeisen.

Joghurt ist in Indien – wie auch in vielen anderen Ländern mit Joghurttradition – keine überzuckerte Süß-Speise, sondern eine frische Ergänzung des Hauptgerichts.

Joghurt Marke Eigenbau

Der hausgemachte Joghurt spart Geld und Müll. Alles, was man dazu braucht sind ein Thermosgefäß, ein Milchthermometer und außerdem einen frischen Joghurt, Magermilchpulver und Milch:

½l Milch mit einem Eßlöffel Magermilchpulver verrühren (damit der Joghurt fest wird), Milch kurz aufkochen und auf 42°C abkühlen lassen. 2 Eßlöffel Joghurt hineinrühren und das ganze in ein heiß ausgespültes Thermosgefäß füllen. Nach 6–8 Stunden Gefäß öffnen und mit lose aufgelegtem Deckel in den Kühlschrank stellen.

Joghurt mit Banane und Kokosnuß

2 Becher Joghurt
1 Banane, in Scheiben geschnitten
½ Tasse Kokosnuß, frisch gerieben
1 Teelöffel Senf, frisch gerieben
1 Eßlöffel Petersilie, fein gehackt
Salz, Pfeffer, Zitronensaft

Senf und Kokosnuß in etwas Butter in der Pfanne anrösten. Mit den übrigen Zutaten vermengen und abschmecken.

Gut gekühlt servieren.

Joghurt mit Gurke

2 Becher Joghurt
½ Gurke, gewürfelt
1 Knoblauchzehe, zerdrückt
½ Teelöffel, Ingwer, frisch gerieben
Salz, Koriander, Kardamom, Pfeffer, Zitronensaft

Alles miteinander vermengen, mit den Gewürzen abschmecken. Gut gekühlt servieren.

Dies widerliche Puderzeug

»Ich war zufällig bei euch in der Küche. Da habe ich eine Dose gesehen, auf der steht ›Curry‹. Was habt ihr denn da drin?« fragt Pushpa, unsere indische Freundin.

»Curry«, sagt meine Frau. »Das sollte eine Inderin, die so gut kocht wie du, doch eigentlich wissen.«

»Curry? Was denn für ein Curry? Fischcurry? Gemüsecurry? Früchtecurry?«

»Ach, Unsinn. In der Dose ist nur Curry – das Gewürz!«

»Oh, ich verstehe. Du meinst dies widerliche, geruchs- und geschmacklose Puderzeug, das ihr in euer Essen tut.

Schrecklich – und so etwas verwendest du?«

»Ihr etwa nicht?«

»Aber nein. Mein Vater würde mich aus dem Haus jagen, wenn er so etwas essen müßte. Paß auf, ich will dir wenigstens die Anfangsgründe der indischen Küche erklären:

Das Gewürz heißt nicht Curry und es ist auch nicht einfach ein Gewürz. Es heißt Masala und ist immer eine Mischung von verschiedenen Gewürzen.

Da ist einmal eine Mischung aus trockenen Gewürzen. Die am häufigsten dafür verwendeten Gewürze sind Zimtstangen, Kardamom, Nelken, Kreuzkümmel, Koriander und Pfeffer. Dann machen wir auch Gewürzpasten – aus Petersilie, Ingwer, Knoblauch, Kokosnuß, Zitronensaft, Pfefferschoten…« »Aber man kann doch nicht jeden Tag erst endlos Gewürze vorbereiten – ehe man überhaupt zum Essen kommt!«

»Man kann nicht nur – man muß sogar. Die ätherischen Öle in den Gewürzen verfliegen nämlich sonst. Deswegen ist ja euer »Curry« so ein fades Zeug und bringt nur die indische Küche in Verruf. Das was wir Curry nennen, sind Gerichte.«

(Aus: W. Marchand: Sie leben – aber wie? Recklinghausen, 1980)

Bohnen-Curry

3 Tassen Azukibohnen, gekocht
1–2 Zucchini
2 gelbe Paprika, kleingeschnitten
2 Zwiebeln, kleingeschnitten
2 Knoblauchzehen
mit etwas Salz zusammen zerreiben:
1 Teelöffel Kreuzkümmel
2 Teelöffel Senf
1 Teelöffel Koriander
etwas Zimt + Nelken

Die Gewürzmischung in Fett kurz andünsten, dann die kleingeschnittenen Gemüse dazugeben und weichdünsten. Zum Schluß die Azukibohnen daruntermischen und noch etwas durchziehen lassen.

Kichererbsen-Curry

3 Tassen Kichererbsen, gekocht
1 Zwiebel, fein gehackt
Mit etwas Salz zusammen zerreiben:
Je ½ Teelöffel Kreuzkümmel, Kurkuma, Koriander,
etwas Zimt, Kardamom, Nelke
1 Eßlöffel frischer Ingwer, gerieben
1 Eßlöffel Petersilie, fein gehackt

Die zerriebenen Gewürze in Fett kurz andünsten, dann Zwiebel und Ingwer dazugeben, dünsten, bis die Zwiebeln glasig sind. Die Kichererbsen und etwas Wasser zugeben, kurz aufkochen und dann noch 15 Minuten durchziehen lassen. Vor dem Servieren abschmecken und mit Petersilie bestreuen.

Neuguinea

Eine unbekannte Flora

Neben dem Getreide und den Hülsenfrüchten spielen die stärkehaltigen Wurzelknollen als Grundnahrungsmittel für die Menschen seit Jahrtausenden eine herausragende Rolle. Bei uns hat dabei die Kartoffel allen anderen Knollen den Rang abgelaufen.

Die Urheimat der Kartoffel liegt in Südamerika, und hier werden sie auch heute noch in einer bemerkenswerten Vielfalt gezogen und gegessen – eine Vielfalt, von der wir nur träumen können.

Auch auf Neuguinea ernähren sich die Menschen seit Urzeiten von Knollenfrüchten – und in Papua-Neuguinea gibt es ganz besonders bemerkenswerte Süßkartoffelesser:

In den 60er Jahren stießen europäische Wissenschaftler hier auf Hochlandbewohner, die sich äußerst einseitig pflanzlich ernährten. Ihre Kost bestand je nach Jahreszeit zu 75–95 % aus Süßkartoffeln. Die Süßkartoffel gehört zwar streng genommen zu einer anderen Pflanzenfamilie als unsere Kartoffel – aber vom Nahrungswert her gesehen kann man die beiden fast gleichsetzen. Ein erwachsener Mensch aß hier fast 3 kg Kartoffeln pro Tag und daneben noch ein wenig andere Pflanzennahrung.

Nach unseren ernährungswissenschaftlichen Theorien hätten diese Menschen wegen Eiweißmangel dahinvegetieren müssen – tatsächlich aber strotzten sie vor Gesundheit.

Die Wissenschaftler waren über diesen Tatbestand äußerst irritiert. Sie überlegten und prüften und kamen schließlich zu der für sie schier unfaßbaren Folgerung, daß diese Menschen den Stickstoff aus der Luft mit Hilfe ihrer Darmflora binden und für den Aufbau von Körpereiweiß verwerten können: Normalerweise schluckt jeder Mensch täglich ein bis zwei Liter Stickstoffgas mit der Luft, das aber unverwertet wieder ausgeschieden wird.

Das Papuavolk aber hat eine Darmflora, die reich an einem Bakterium ist, das Stickstoff binden und verwerten kann – ähnlich wie das in den Wurzelknöllchen von Leguminosen und anderen Pflanzen geschieht.

Was da im Einzelnen im Darm passiert, haben die Wissenschaftler noch nicht durchschaut – und ein renomierter »Darm«-Forscher kann nur ehrlich feststellen: »Wir wissen im allgemeinen sehr wenig über die genaue Rolle der Darmflora beim gesunden Menschen.«

Kein Wunder übrigens – da es heute eigentlich unmöglich ist, noch einen Menschen mit gesunder Darmflora zu finden – denn der Darm ist das erste, was durch unsere »veredelte« Ernährungspraxis geschädigt wird.

Diese Entdeckung bedeutet natürlich nicht, daß wir versuchen sollten oder könnten, mit einer solchen Kartoffel-»Diät« Kraft und Gesundheit zu gewinnen.

Wir können daraus aber die folgenden Lehren ziehen:

- Wir sollten alles dafür tun, unseren Darm pfleglich zu behandeln, denn allein sein Zustand entscheidet darüber, wie gut wir unsere Nahrung wirklich verwerten. Die größte Sicherheit, ihn richtig zu behandeln, haben wir, wenn wir ihm *ganze* Lebensmittel anbieten – denn in vielen Tausenden von Jahren hat sich unser Darm auf deren Wirkstoff*gefüge* eingerichtet.
- Unser Organismus kann mehr leisten, als die Wissenschaftler mit ihren immer noch sehr begrenzten Kenntnissen gemeinhin denken. Seine Leistungsfähigkeit wird aber mit Sicherheit durch die bei uns übliche Überversorgung geschwächt.

Gudpela Kaikai
Olgeta dei:
Kaukau, kumu, pinat,
Strongim bodi, helpim bodi.

Gute Nahrung
den ganzen Tag:
Süßkartoffeln, Gemüse, Erdnüsse,
stärken den Körper, helfen dem Körper.

(Lied einer Ernährungskampagne in Papua-Neuguinea)

Okani lebt in einem kleinen Dorf hoch in den Bergen von Neuguinea. Sie gehört zum Volk der Papua (Papuwah = kraushaarig) die seit Urzeiten den südöstlichen Teil von Neuguinea bewohnen.

Die Bewohner ihres Dorfes haben Gemeinschaftsland, auf dem sie Kaffee für den Verkauf anbauen, und außerdem hat jede Familie Gärten, in denen sie die Pflanzen kultivieren, die sie für ihre Ernährung brauchen. Als Haustiere halten sie Schweine.

Vormittags lernt Okani in der Schule Schreiben, Rechnen und Lesen – aber auch, wie man Süßkartoffeln setzt, Mais pflanzt oder Tomaten sät. In ihrem eigenen Garten wachsen vor allem Süßkartoffeln, Bananen, Erdnüsse, Papayas und viele uns fremde Gemüsearten, die über das ganze Jahr verteilt reif werden.

Gartenarbeit ist bei den Papua Frauensache – und wenn die Frauen von der Gartenarbeit zurückkehren, sind sie schwer beladen: Auf dem Rücken tragen sie Netze voller Gartenfrüchte, auf dem Kopf das gesammelte Feuerholz, in den Armen – schlafend oder saugend – ein Baby und an Leinen junge Schweine...

Die Netztaschen, in denen sie das Gemüse tragen, sind ganz besondere Kunstwerke: Die Fäden dafür werden in mühseliger Arbeit aus weichgeklopfter Baumrinde gedreht. Die Taschen werden in einem Tragband über die Stirn gehängt – das Hauptgewicht liegt dabei auf dem Rücken.

Vor allem die Kinder müssen nachmittags viel in den Kaffeegärten arbeiten, denn das Pflücken der Kaffeebeeren verlangt kleine, vorsichtige Finger. Die Arbeit ist mühselig und langwierig – und Okani mag sie gar nicht.

Das Essen wird in Okanis Dorf noch in den traditionellen Erdöfen gekocht: Zuerst wird ein Loch in die Erde gegraben, dann wird ein Feuer darin angefacht, und schließlich werden auf das Feuer Steine geschichtet, die sich allmählich erhitzen. Wenn das Feuer heruntergebrannt ist, werden Bananenblätter über die heißen Steine gebreitet. Auf die Blätter kommt eine Schicht Gemüse und an ganz besonderen Tagen auch Schweinefleisch. Zum Schluß wird etwas Wasser darüber gegossen und das Ganze wird noch einmal mit Blättern abgedeckt. Diese Art des Garens läßt sich vielleicht am ehesten mit unserem Kochen im Römertopf vergleichen. Es ist unbestreitbar eine sehr schonende Art, Gemüse zu garen.

So sieht Okanis Grundernährung aus:

Sie ißt in einer Woche hauptsächlich:

- 6000 g Kartoffeln
- 2500 g Gemüse
- 1500 g Obst
- 700 g Erdnüsse und Bohnen
- 300 g Schweinefleisch

Man kann also sagen, Grundnahrungsmittel von Okani sind Backkartoffeln – die wir schnell und schonend und ganz besonders schmackhaft auch auf folgende Art zubereiten können:

Backblech fetten, mit Salz und Kräutern bestreuen, gut geputzte, halbierte Kartoffeln mit der Schnittseite aufs Blech legen, auch von oben mit Salz und Kräutern würzen und ungefähr 20 Minuten im Ofen backen.

Das wertvolle Grundnahrungsmittel Kartoffel ist bei uns ja leider zu einer faden Beilage degeneriert – entwertet durch die Züchtung und entwertet durch unsere Art der Zubereitung.

Daß Kartoffeln auch Delikatessen sein können, wissen vor allem die Südamerikaner – und wußten unsere Vorfahren:

»Gekocht hat das Fleisch inwendig eine gelbe Farbe, gleich einer gekochten, blassen Eidotter, auf der Zunge zerfließt es wie Zucker ... sie haben einen lieblichen, mandelartigen Geschmack

... einige schätzen sie ihres nußartigen Geschmackes wegen sehr hoch...«, so beschreibt ein Deutscher 1819 die Kartoffeln seiner Zeit!

Um wieder zu lernen, Kartoffelgeschmack zu erspüren, empfiehlt es sich, gemeinsam eine Kartoffelprobe zu machen:

Streng genommen sollte man dafür als Zutat nur Butter und Salz auf dem Tisch haben. Man kann natürlich auch zwei, drei würzige Quark- oder Joghurt»dips« vorbereiten.

Zuerst muß man sich allerdings – am besten auf dem Markt – auf die Suche nach möglichst verschiedenen Kartoffelsorten machen. Die Sorten werden dann getrennt als Pellkartoffeln gegart und auch getrennt serviert.

Und dann beginnt die *dégustation* – ganz analog zu einer Weinprobe: Man versucht, ganz langsam, den speziellen Geschmack einer Sorte mit Zunge und Nase (wir »schmecken« nämlich ganz wesentlich mit unserem Geruchssinn) zu ertasten und zu beschreiben!

Wenn wir dann eine Weile den puren Kartoffelgeschmack – etwas hervorgehoben durch Butter- und Salzbeigabe – erforscht haben, können wir anschließend die Kartoffeln noch genüßlich dippen und aus der Probe eine vollwertige Mahlzeit machen.

Leider kann ich keine Garantie dafür übernehmen, daß eine solche Probe auf Anhieb ein Erfolg wird – daß sie nämlich wirklich interessante, verschiedene Aromen erschmecken werden. Diese Eigenschaft hat man unseren Kartoffeln ja zugunsten einer maschinenfreundlichen, makellosen Rundung erfolgreich abgezüchtet.

Wir mußten erst mit viel Mühe private Lieferanten für Kartoffeln aufspüren, um geschmacklich interessante Kartoffeln zu finden.

Aber auch Okani ißt nicht nur Kartoffeln pur – und deshalb folgen hier drei Kartoffelvariationen, die sich durch die Zutat von Bohnen bzw. grünem Blattgemüse an die Art der bei ihr üblichen Zubereitungen anlehnen.

Kartoffeln mit Bohnen und Äpfeln

1 kg Pellkartoffeln, gewürfelt
750 g grüne Bohnen, geputzt und fein geschnitten
2 herzhafte Äpfel (Boskoop), in Scheiben
2 Zwiebeln, fein gewürfelt
1 Knoblauchzehe, fein gehackt
Bohnenkraut (oder Thymian), Salz, Zucker,
Pfeffer, Zitronensaft.

In einem großen Topf Zwiebeln in Fett glasig dünsten, Knoblauch und Kräuter mitdünsten, Bohnen zufügen, ebenso Salz, Zucker und Zitronensaft, ungefähr 15 Minuten dünsten. Dann Äpfel und Kartoffeln zufügen und nochmals 5–10 Minuten dünsten – bis ein »stückiger« Brei entstanden ist. Mit den Gewürzen und frischen Kräutern (Petersilie, eventuell auch Dill) abschmecken.

Roter Kartoffelbrei

750 g Pellkartoffeln
2 Tasse weiße Bohnen, gekocht
750 g Tomaten, geschält und mit viel Knoblauch angedünstet
Koriander, Salz, Pfeffer

Alle Zutaten etwas zerdrücken und grob miteinander vermengen. Mit den Gewürzen abschmecken.

Kartoffelsalat mit Löwenzahn

500 g Pellkartoffeln, gut abgekühlt und gewürfelt
150 g Löwenzahn (möglichst junge Blätter sammeln)
Sauce für die Kartoffeln:
2 hartgekochte Eier, fein gehackt
1 Zwiebel, fein gehackt
Saft einer Zitrone
1 Becher saure Sahne
1 Eßlöffel Senf, Salz, Pfeffer

Kartoffelwürfel mit der Sauce gut mischen und rund zwei Stunden durchziehen lassen.

Die Löwenzahnblätter in einer flachen Schale an den Rand verteilen, mit einer einfachen Sauce aus Zitronensaft/Öl/Salz/Pfeffer beträufeln und den Kartoffelsalat in der Mitte anrichten.

Wer zu faul zum Sammeln ist, kann natürlich auch einen anderen grünen Salat verwenden – Hauptsache, er hat einen herzhaft kontrastierenden Geschmack. So eignet sich beispielsweise italienischer Radicchio oder auch Feldsalat.

Da sich Kartoffeln vom Ernährungswert her gesehen, so besonders gut mit Eiern vertragen – das heißt, der Körper kann bei dieser Nahrungsmittelkombination aus relativ wenig zugeführtem Eiweiß relativ viel körpereigenes Eiweiß aufbauen – hier noch zwei weitere einfache, aber vollwertige Kartoffelgerichte:

Kloster-Erdäpfel

1 kg kleine Kartoffeln
so viele Eier wie Esser
1 Eßlöffel Kümmel, frisch gerieben

Kartoffeln schälen und in ganz wenig Kümmelwasser garen, bis sie kurz vor dem Zerfallen sind (das Wasser sollte jetzt verkocht sein). Kartoffeln in eine Auflaufform stürzen und in die Vertiefungen zwischen den Kartoffeln die Eier schlagen. Salzen und Pfeffern. Zugedeckt auf der Herdplatte garen, bis die Eier die gewünschte Konsistenz haben. Mit gehackter Petersilie bestreut servieren.

Kartoffelsalat mit Champignons

500 g Pellkartoffeln, in Scheiben
250 g Champignons, in Scheiben
2 Stangensellerie, in kurze Stücke geschnitten
1 Bund großblättrige Petersilie, gezupft
Saft von 2 Zitronen, 2 Eigelb
⅔ Tasse Olivenöl, Pfeffer, Salz

Pilze in einen Topf geben, mit einem Teil des Zitronensafts reichlich salzen, Deckel auflegen, einmal aufkochen, dann abkühlen und Saft ziehen lassen.

Den Champignonsud mit dem Eigelb verquirlen. Unter ständigem Rühren das Öl in kleinen Mengen zugeben. Sobald die Mayonnaise dicker wird, etwas Zitronensaft beifügen. Mit Salz und Pfeffer abschmecken.

Alle Zutaten vorsichtig miteinander vermischen und kaltgestellt etwas durchziehen lassen.

Eier platzen, wenn beim raschen Erhitzen die sich ausdehnende Luft im Innern keine Zeit hat, durch die Poren am runden Ende des Eis auszutreten. Wenn man aber das Ei an dieser Stelle ansticht, dann kann die Luft auch schnell genug entweichen.

Und für alle Fälle sollte man auch eine Prise Salz ins Eierwasser geben. Salz verhindert zwar das Platzen nicht, doch wenn die Eier im kochenden Salzwasser platzen, läuft weniger Eiweiß aus – denn das Salz läßt das Eiweiß entlang des Sprungs schneller gerinnen.

Und dann gibts da auch noch die häßliche grüne Schicht bei hartgekochten Eiern: Während das Ei sich erwärmt, bildet es Schwefelwasserstoff. Läßt man es langsam abkühlen, dann wirkt das Gas auf die Oberfläche des noch warmen Dotters ein. Das Eisen des Dotters reagiert mit dem Schwefelwasserstoff und es bildet sich ein dunkler Eisensulfidbelag. Wenn man aber das Ei sofort mit kaltem Wasser abgeschreckt, kühlt der Dotter schnell ab und bleibt schön gelb.

Kartoffel-Koch-Kunst

Kartoffeln sind wertvoll und Kartoffeln sind köstlich – bzw. *sie könnten es sein* – wenn wir sie nicht so schlecht behandeln würden.

Für die meisten Menschen scheint das Garten von Kartoffeln zu den »kinderleichten« Grundfertigkeiten der Küchenarbeit zu gehören. Auffällig ist nur, wie mangelhaft diese scheinbar so simple Vorarbeit geleistet wird!

Die vier Todsünden des alltäglichen Kartoffelgarens:

- Die Kartoffeln werden morgens geschält, dann in Wasser gelegt und mittags als Salzkartoffeln gekocht.

- Die Kartoffeln werden bis oben mit Wasser bedeckt und ohne Deckel gekocht.
- Die Kartoffeln werden vorgekocht, gepellt und dann warmgehalten.
- Die Kartoffeln werden im Druckkochtopf bis zum Zerplatzen gegart.

Und mit diesen (ererbten) Kochgewohnheiten werden der delikate Kartoffelgeschmack und die inneren Werte der Kartoffel mit dem Kochwasser weggeschüttet!

Einiges sollte doch beachtet werden, wenn die Kartoffeln auch nach dem Kochen noch ihren Kartoffel-Eigengeschmack und ihre naturgegebenen Werte haben sollen:

- Kochen sie ihre Kartoffeln möglichst in der Schale – sonst schütten sie mit Sicherheit einen Großteil der Kartoffel-Qualität in den Ausguß.
- Kochen sie immer möglichst gleichgroße Knollen – sie sind dann alle zur gleichen Zeit gar.
- »Dämpfen« sie die Kartoffeln in einem gut schließenden Topf mit ganz wenig Wasser und mit einem Schuß Öl. Der feine Ölfilm hilft zusätzlich Verluste zu vermeiden.
- Essen sie die gekochten Kartoffeln möglichst gleich. Langes Warmhalten vernichtet den Wohlgeschmack und auch die anderen Werte der Kartoffel.

Koch-Verluste in %

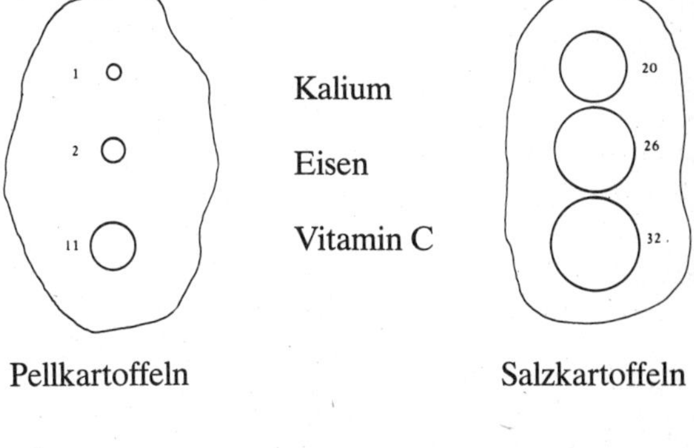

Pellkartoffeln Salzkartoffeln

Okani

Das durchschnittliche bundesrepublikanische Kind

Europa

Bis hierher war die Rede von fremden Eßtraditionen. Aber auch wir haben eine Eßtradition, die von pflanzlicher Kost beherrscht ist. Vor allem die Kombination von Getreide oder Kartoffeln jeweils mit Milchprodukten bildete bei uns die sättigende Grundlage der Ernährung.

Unsere Tradition wurde allerdings völlig aus dem Gleichgewicht gebracht:

Erst durch unseren sozialen Aufstieg und unser Streben nach »Feinerem«.

Dann durch die Wissenschaftler, die vor 100 Jahren gerade begeistert anfingen, Lebensmittel auseinanderzunehmen und die vor allem in einem wahren Eiweißrausch befangen waren.

Und heute schließlich vor allem durch die verkaufsaktiven Argumente der Nahrungsmittelfabrikanten, die uns, koste was es wolle, (allein für Süßwarenwerbung wurden 1985 312 Millionen DM ausgegeben!) ihre Nahrungskonserven als Vollwertlebensmittel verkaufen.

Lisa wurde vor fast 100 Jahren auf dem Lande in der Nähe von Flensburg geboren. Lisa erzählt:

Mudder, wat schöön wi hem?

(Mutter, was gibts zu essen?)

»Das war die erste Frage, wenn wir im Winter um 5 Uhr aus der Schule kamen. War unser Essen dann aus dem Ofen, so kam die große Schüssel Buchweizengrütze für den Abend hinein, das heißt, nur jeden andern Tag; denn jeden zweiten Abend gab es die am vorigen Tage übrig gebliebene Buchweizengrütze, eingestochen mit heißer Milch, nachdem eine Pfanne Bratkartoffeln vorausgegangen war.

Wenn Großvater uns besuchte, brachte er einen blauen, gefüllten Leinensack mit. Er enthielt alle Schwarzbrotrinden, die Großvater zu hart gewesen waren. Sie kamen in eine braune Schüssel und standen dann im Küchenschrank, und wenn wir Kinder dann zwischen den Mahlzeiten hungrig wurden, hieß es stets: »Dann iß nur Brotrinden!« und die trockenen Rinden, mit saurer Buttermilch dazu, schmecken herrlich.

Spätestens im 10. Lebensjahre fing für uns auch das Helfen bei der Feldarbeit an. Da war zuerst im Frühling, wenn die Äcker frisch bestellt waren, das Steinesammeln. Im Juni und im Juli kam der Torf an die Reihe. Vater hatte gleich am frühen Morgen die Buchweizengrütze für uns alle im braunen irdenen Topf mitbekommen. Der große Armkorb enthielt auch Milch und die Kaffeeflasche und viele große Stücke Schwarzbrot. Er stand den langen Tag hindurch im Schatten der von Vater erbauten Moorhütte tief im Moor schön kühl. Die Hütte war so niedrig, daß wir hineinkriechen mußten. War das heimelig – wenn draußen die Sonne am höchsten stand – und wir dann drinnen beim Vater saßen, wenn da der Grütztopf geöffnet wurde und wir alle tapfer aßen. Und wenn es saure Buchweizengrütze war, fanden wir sicher eine Sirupquelle, die ihre süßen Adern durch die ganze Grütze gesandt hatte. Am späten Abend gings heimwärts. Zuhause saßen wir noch beisammen in der Norderstube, und die Saftsuppe mit Pfannkuchen oder die Buchweizenmehlklöße mit Speck schmeckten so gut.

Unser Schwarzbrot wurde alle drei Wochen in unserem eigenen Backhause gebacken. Zuerst war es frisch, dann wurde es älter und zuletzt war es schimmelig. Ganz wenig des schimmeligen Brotes schnitt Mutter weg für die Hühner, den anderen Schimmel mußten wir mitessen. Daß wir solche Schimmel nicht gern essen möchten, komme nur von unsrer Dummheit, sagte Mutter – und zum Beweis folgte das Sprüchlein:

Sure Melk und schimmelige Brot
Maakt de Buernjungens grot

Da mußten wir es ja dann glauben. Aber gut schmeckte das Brot immer noch nicht – wenn es einmal Schimmel hatte.

Mit den Oktoberferien ging die Kartoffelernte an. Vater grub die Reihen los und wir lagen zum Kratzen und Sammeln auf den Knien.

Ein später Buchweizenacker war nebenan, der mußte noch am Abend gemäht werden. Das war der letzte Sensenschnitt im Jahr. Unser Erntefest war die »Große Grütze«. Sie war wie jede andere gute steife Buchweizengrütze, nur war sie eben besonders groß, das heißt, sie war in einem recht großen Topf gekocht. Dann war sie wieder ganz wie sonst in eine braune, irdene Schüssel getan, aber – und das kennzeichnete sie wieder als die Große – in ihrer Mitte war eine Kuhle und darin ein ansehnliches Stück Butter.

Das war ein Prachtessen!

Wir alle um die große Schüssel arbeiteten einmütig. Mutter war zuerst satt. Wir Kinder aber wurden nur noch eifriger, denn wenn wir diese Große Grütze heute aufaßen, ganz auf, hatten wir ja das Recht, morgen wieder eine Große Grütze zu bekommen. Sonst aber dauerte es ein ganzes langes Jahr, ehe unsere Grütze wieder eine Butterkuhle hatte.

Alljährlich einmal besuchten wir unseren Onkel, der Kaufmann war. Das große Kaufmannshaus erschien uns immer wie ein Palast. So viele und so feine Stuben. Eine Riesenküche mit roten Fliesen, ein richtiger Korridor, ein großer Kaufmannsladen. Ein herrliches Spielchen auf dem großen Boden zwischen Pflaumen- und Rosinensäcken. Von diesen Herrlichkeiten erhielten wir eine Riesentüte!

Am Mittag gab es Pflaumensuppe, die hier in der Marsch ganz anders war als auf der Geest – so fein, daß wir sie zuerst nicht wiedererkannten. Am Abend gab es Reisgrütze mit Stachelbeeren darin. Erneutes Staunen und Essen mit Behagen.

Auf die Arbeitstage folgten die Festtage.

Wenn wir Kinder Geburtstag hatten, buk Mutter Buchweizenapfelkuchen und wir aßen süße Suppe mit Korinthen dazu. Am Nachmittag erhielt das Geburtstagskind manchmal auch ein Stückchen Weißen Zucker und einen Zwieback zum Kaffee. Heinrichs und Marthas Geburtstage fielen fast immer um Ostern herum, und da war der Osterhase ihnen noch besonders gewogen.

Wir waren vorher immer recht gespannt, ob der Osterhase noch lebe, und ob nicht der Sonntagsjäger aus der Stadt ihn im Winter erschossen. Aber am Ostersonnabend passierte es Mutter doch meistens, daß sie ihn im jungen Roggenfeld spazierengehen sah. Wir Kinder bauten ihm in der Scheune ein Nest und fanden am Ostersonntag darin immer gerade so viele braune Eier wie wir Menschen waren. Jeder bekam ein Hasenei. Am abend kochte Mutter dann für jeden auch noch ein Hühnerei – und wenn wir Kinder dann das Innere der Eier miteinander verglichen, waren wir immer ganz erstaunt über die vollkommene Ähnlichkeit.

Nur dies eine Mal im Jahr verspeisten wir Eier auf diese Art, und nur die zwei.

In der Woche vor Weihnacht rührte Mutter den Pfeffernußteig, und an einem Abend stand das Spinnrad still. Mutter, Vater und wir alle machten Pfeffernüsse. Mutter rollte aus mit dem Wäschemangelholz, Vater schnitt nach seinem langen Zimmerlineal die Streifen, wir Kinder machten die kleinen Würfel. Aus dem Rest des Teiges stach Mutter mit einem Glase runde Scheiben, und mit einer Stricknadel punktierten wir jeder unseren Namen hinein. Dann formten wir noch Hühner mit Hühnernestern und unser alter Ofen machte verständnisvoll alles gar und fest.

War der 24. Dezember gekommen, so rührte Mutter gleich am Morgen aus Eiern, Zitronen und Zucker und anderen Dingen in unserem großen braunen Topf einen feinen Teig für Apfelkuchen. In einem anderen Topf wurde aber noch Buchweizenapfelkuchen für den Mittag angerührt.

Zum Nachmittagskaffee des 24. Dezember gab es kein Stück Schwarzbrot, sondern nur Roggenmehlsfeinbrot (entspricht unserem heutigen Graubrot A.d.V.), und so blieb es alle Festtage hindurch, selbst am Morgen erhielten wir Feinbrot mit Schmalz. Waren doch zum Fest statt der sonst üblichen dreißig bis vierzig Schwarzbrote eine fast ebenso große Anzahl Feinbrote gebacken! Wir aber aßen nach Herzenslust, bis das gewohnte alte Schwarzbrot wieder zu Ehren kam und Gegenstand der Sehnsucht wurde.

So sah Lisas Grundernährung aus:

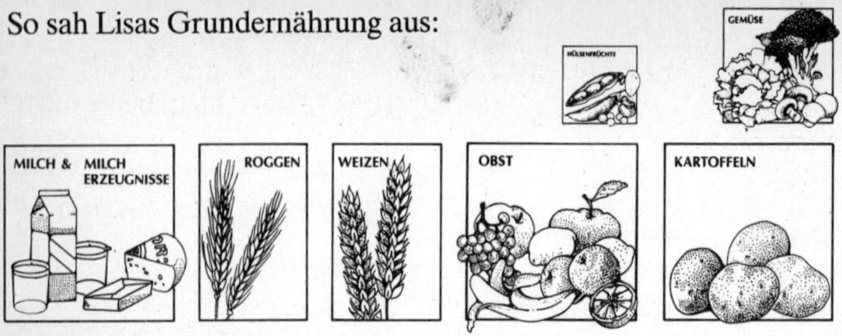

Sie aß in einer Woche hauptsächlich:
- 3 l Milch
- 1200 g Buchweizen und Roggen
- 300 g Hülsenfrüchte
- 1500 g Obst
- 2000 g Kartoffeln
- 1000 g Gemüse

Lisas Eß-Alltag war geprägt von Buchweizen (Buchweizen gehört übrigens, streng genommen, nicht zu den Getreiden, sondern ist ein Knöterichgewächs).

Natürlich werden in anderen Gegenden Deutschlands auch andere Getreidesorten bevorzugt – mal herrschte die Gerste vor, mal die Hirse... – die Zubereitungen waren aber immer sehr ähnlich und diese Gerichte galten vor allem auch immer als *vollwertige Mahlzeiten* – sogar in den »besseren« Kreisen – und deshalb finden wir die entsprechenden Rezepte auch in den Standardkochbüchern der damaligen Zeit:

> Ein leichtes Abendessen von Buchweizengrütze.
> Die Grütze wird mit Wasser, Butter und Salz ziemlich dick ausgequellt. Beim Anrichten gebe man braune Butter und Zucker oder gebratenen Speck mit Zwiebeln darüber.

Wir nehmen bei Grütze ein Mengenverhältnis wie bei Körnern, nämlich 2 Tassen Flüssigkeit und 1 Tasse Grütze und essen sie am liebsten mit Butterflöckchen oder heiß und fest, umgeben von einem Sahnesee.

Grützklöße – ein Mittag- oder Abendgericht
In ½l kochendes Wasser (oder Wasser mit Milch gemischt) streut man unter ständigem Rühren so viel Buchweizengrütze, daß es ein ziemlich dicker Brei ist, den man nicht ganz ausquellen läßt, sondern bald vom Feuer nimmt, in eine Schüssel schüttet und erkalten läßt. Dann rührt man 2–3 Eßlöffel Butter schaumig, rührt sie mit 3 Eidotter nach und nach in die Grütze und das nötige Salz dazu und rührt, bis alles gut durcheinander gemischt und ohne Klümpchen ist. Dann zieht man den recht steifen Eischnee darunter, sticht mit dem Löffel Klöße ab und kocht sie in Salzwasser gar. Man gibt braune Butter dazu.

Uns schmecken diese Klöße sehr gut – aber noch lieber haben wir die nachfolgenden Klöße mit »Biß« (Lisa hat allerdings im Alltag mit Sicherheit keine Getreidegerichte gegessen, die mit soviel Ei veredelt waren!).

Körner-Klöße

2 Tassen Weizenkörner, vorgequollen und gekocht
½ Paket Quark
2 Eier
4 Eßlöffel Haferflocken, 2 Eßlöffel Mehl
½ Teelöffel Koriander, gemahlen, Salz

Abgekühlte Weizenkörner mit Quark, Eiern, Haferflocken und Mehl verrühren, mit den Gewürzen abschmecken. Mit nassen Händen 8 Klöße formen und sie in leicht kochendem Salzwasser garziehen lassen.

Und dann gab es bei Lisa abends auch oft Pfannkuchen.

Buchweizenpfannkuchen mit Kartoffeln

Man mengt ihn an mit 2 Tassen Buchweizenmehl, 3 Tassen heißen Wassers, 5 Stück gekochten und geriebenen Kartoffeln und etwas Salz. Man rührt es tüchtig durch und gibt es gleich in die Pfanne. Sollen die Buchweizenkuchen recht gut werden, rührt man den Teig mit etwas Hefe, Korinthen und etwas geschmolzener Butter an, schlägt ihn gehörig, stellt ihn hin zum Aufgehen und backt kleine Kuchen davon.

Pfannkuchen von Buchweizenmehl

2 Tassen Buchweizenmehl
3 Tassen heißes Wasser
1 Tasse saure Sahne
Salz

Gut gerührt, und ohne den Teig hinzustellen, sogleich in recht heiß gewordener Butter gelbbraun backen.

Wir essen sehr häufig und gerne solche und andere Pfannkuchen und haben deshalb eine Pfanne, die wir ausschließlich fürs Pfannkuchenbacken benutzen: Sie hat einen schweren Stahlboden mit einer Kupfereinlage, durch den die Wärme besonders gleichmäßig verteilt wird. Wir reinigen diese Pfane nie naß sondern wischen sie nach dem Backen mit Papier und eventuell etwas Salz aus. Bei solcher Behandlung brauchen wir kaum Fett zum Backen und die Pfannkuchen brennen auch nicht an.

Lisas Ernährung stand sozusagen auf zwei Beinen – eine ebensowichtige Rolle wie die Getreidegerichte spielten die Milchspeisen, sei es ganz einfach in Form von Dickmilch, in die sie Brot »stippte« oder in Form von Milchsuppen:

Buttermilch mit Buchweizengrütze

Die Grütze wird mit wenig Wasser gar und kurz eingekocht, alsdann Buttermilch mit etwas Mehl angerührt dazu gegeben und zum Kochen gebracht. Man gibt Salz, nach Gefallen auch Zucker oder Sirup hinzu.

Buttermilch mit Pflaumen oder Rosinen

Getrocknete Pflaumen werden in Wasser weich gekocht, wozu auch etwas Anissamen und nach Gefallen geriebenes Schwarzbrot gegeben werden kann. Dann wird die Buttermilch, welche des Gerinnens halber mit etwas Mehl angerührt wird, hinzugegossen und unter stetem Rühren zum Kochen gebracht. Beim Anrichten rührt man Salz, Zucker und Zimt durch.

Wir essen in einer solchen Suppe auch gerne die Klöße der vorangegangenen Rezepte.

Sehr beliebt und bekannt war früher auch die

Milchsuppe mit Klackerklüben auf pommersche Art

Für 3 Personen rührt man 1 Ei mit etwas Mehl und einer Prise Salz zu einer dickflüssigen Masse an und läßt sie durch ein großlöchriges Sieb in 1 l heiße Milch (oder Buttermilch) tropfen, läßt sie nur kurze Zeit kochen und würzt die Suppe mit ein wenig Salz, Zucker und Zimt.

Wir essen an heißen Sommertagen mittags besonders gerne:

Kalte Buttermilchsuppe

3 Birnen, geschält, entkernt und kleingeschnitten
1 l Buttermilch, Honig nach Geschmack
2 Eßlöffel Mehl
Nelke, Zimt, Zitronenschale, Salz

Birnen mit Nelke und Zimt in wenig Wasser andünsten – so daß sie noch nicht zerfallen. Buttermilch mit Salz erwärmen, in Wasser angerührtes Mehl einrühren und kurz aufkochen. Birnenstücke zugeben und mit Honig und Zitronenschale abschmecken. Kalt stellen.

Und dann gehörten die süßen Fruchtsuppen zu Lisas Eß-Alltag, leichte Suppen, die durch Getreidebeigaben auch wieder zu einer vollwertigen Mahlzeit wurden:

Vorzugsweise nahm man dafür die selbstgesammelten Wildfrüchte.

Hollundersuppe

Reife, schwarze Hollunderbeeren werden so lange gekocht, bis sie sich zerquirlen lassen, worauf man sie durchschlägt. Nun setzt man Mehl hinzu und läßt noch einmal aufkochen.

Heidelbeersuppe

500 g Heidelbeeren werden mit 1 l Wasser, Zimt, Zitronenschale und etwas Zucker aufgekocht.

In beide Suppen gehören Griesklößchen:
In ½ l Wasser rührt man Gries ein, bis ein sehr fester Brei entstanden ist. Dann nimmt man den Topf vom Feuer und rührt mindestens ein ganzes Ei daran. Nachdem die Masse vollständig erkaltet ist, sticht man mit dem Kaffeelöffel Klößchen davon ab, legt sie in schwach gesalzenes, kochendes Wasser (das Wasser darf nicht sprudeln, sondern nur gerade kochen), läßt sie 5 Minuten garziehen und legt sie in die angerichtete Obstsuppe.

Apfelsuppe

Ein Suppenteller voll kleingeschnittener, saurer Äpfel wird mit einer Tasse voll gekochtem Reis weichgekocht, durch ein Sieb gerieben, mit Zucker, Zimt, Zitronenschale und etwas Salz durchgekocht und mit einem Eidotter abgerührt. Noch würziger schmeckt die Suppe, wenn man, nachdem sie durch das Sieb gerieben ist, etwas in Butter geröstetes Schwarzbrot nebst Korinthen und ein wenig Nelken und Salz dazugibt, noch ein wenig kochen läßt und dann die Suppe vor dem Auftragen mit Zimt und dicker Sahne abrührt.

Wir essen auch ganz besonders gerne:

Himbeergrütze

300 g Himbeeren
1 Tasse Gerste, grob geschrotet
4 Tassen Wasser
1 Tasse Himbeersaft, ungesüßt
1 Tase Sahne
3 Eßlöffel Honig, Vanille, Zitronenschale

Gerstengrütze kurz in der Pfanne anrösten, dann in kochendes Wasser einrühren und ca. 15 Minuten bei kleiner Hitze quellen lassen. Die übrigen Zutaten einrühren. Abschmecken und kalt stellen. Mit flüssiger oder geschlagener Sahne servieren.

Kuchen gab's bei Lisa nur an Festtagen!
Der Teig zum Buchweizenapfelkuchen war äußerst sparsam in den Zutaten:

Buchweizenapfelkuchen

600 g Buchweizen- und Weizenmehl
1 Tasse Butter, geschmolzen
1 Tasse Wasser, 1 Ei, 2 Eßlöffel Zucker

Hiervon mache man einen Teig, verarbeite ihn tüchtig und rolle ihn aus zu einem Ober- und Unterblatt. Auf letzteres bringe man eine dicke Lage von dünnen Apfelscheiben, streue etwas Zucker und Zimt darüber und bedecke den Kuchen mit dem etwas kleineren Oberblatt, in welches man mit dem Rollrädchen regelmäßige, kleine Schnitte gemacht hat, damit sich der Teig beim Backen nicht aufbläst. Den hervorstehenden Rand des Unterblattes schlägt man über das Oberblatt. Leicht mit Butter bestrichen wird der Kuchen rasch gebacken.

Wir essen diesen »wohlfeilen Apfelkuchen« gerne sehr warm mit reichlich Schlagsahne!

Und zu Weihnachten backte die ganze Familie

Pfeffernüsse

500g guten Zuckersirup läßt man aufkochen, gibt 50g Butter und 500g Mehl hinein, verrührt es kräftig mit der Holzkelle, gibt 15g mit ein wenig Milch aufgelöste Pottasche* hinzu und läßt den Teig 24 Stunden ruhen. Dann wirkt man 20g abgezogene, feingeriebene Mandeln, etwas Zitronenschale, feingehacktes Orangeat und Zitronat, Zimt und Kardamom hinzu. Der Teig wird dann 1cm dick ausgerollt, in kleinen Plätzchen ausgestochen und auf jedes wird eine abgezogene Mandel gelegt. Die Plätzchen werden bei mäßiger Hitze etwa 20 Minuten gebacken.

* Pottasche = Kaliumcarbonat, wurde früher als Backtriebmittel verwendet. Man kann stattdessen auch Backpulver nehmen und den Teig ohne Ruhezeit zubereiten.

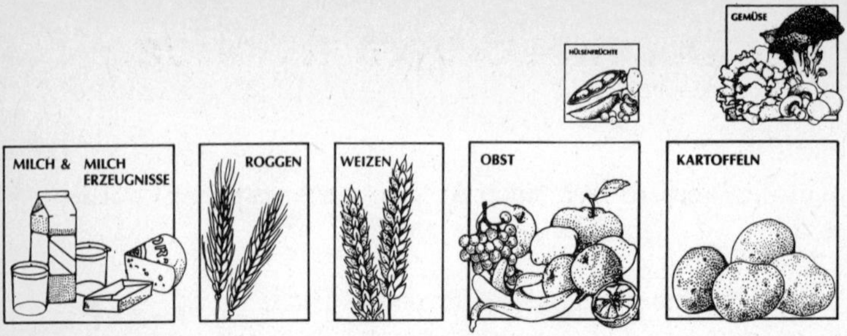

Lisas Ernährung mag uns karg erscheinen – aber sie lebte in einem Deutschland, wo es großen Teilen der Bevölkerung sehr, sehr viel schlechter ging.

Vom einen Extrem ins Andere

Berliner Verhältnisse. Eine typische Unterhaltung beim Schularzt:

»Wie alt bist du?«

Das kleine, lebende Skelett antwortet: »Elf Jahre.«

»Erzähl mal, was du zu essen bekommst?« – Verlegenes Lächeln, – »Na, was gibt Mutter dir des Morgens?«

»Zwei Stullen mit Margarine oder Mus.«

»Bekommt ihr auch Gemüse?«

»Sonntags mal Weißkohl.«

»und Fleisch?«

Der Junge sieht ganz erstaunt drein. »Fleisch???« sagt er zögernd, das ist ihm ein unbekannter Begriff – »Fleisch? Nein, Fleisch bekommen wir niemals.«

Ist es da ein Wunder, daß ein Drittel aller Berliner Kinder als schwer unterernährt bezeichnet werden muß?

(Aus: Käthe Kollwitz / Dr. Credé: Volk in Not, Dresden, 1927)

Nicht zuletzt solche Erfahrungen haben nachfolgende Elterngenerationen veranlaßt, alles Heil darin zu sehen, ihre Kinder rund und prall zu füttern.

Und obschon wir uns inzwischen seit Generationen »erfolgreich« überernähren und der Hilferuf der Fachleute eher heißt »Deutschlands Kinder sind zu dick«, klagen Deutschlands Eltern mehrheitlich, »mein Kind ist ein schlechter Esser.«

Und unsere Kinder – in die Mangel genommen zwischen dem Jammern der Eltern und den Verführungen der Nahrungsmittelproduzenten – kommen zu den nachfolgenden durchschnittlichen Eßgewohnheiten:

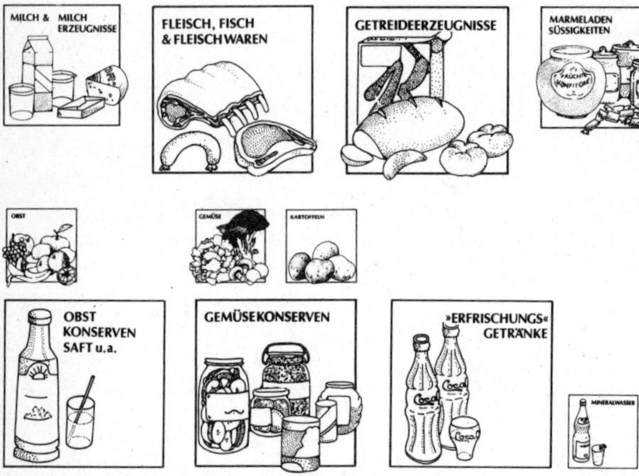

In einer Woche ißt ein bundesrepublikanisches Kind von 10 Jahren hauptsächlich
- 1900 g Milch und Milchprodukte
- 1315 g Fleisch/Fleischwaren/Fisch/Eier
- 1500 g Feinmehlprodukte
- 3150 g Erfrischungsgetränke (vor allem Limonade und Fruchtsaftgetränke)

- 500 g Süßwaren (Marmelade, Bonbons, Schokolade...)
- 500 g Obst- und Gemüsekonserven
- 500 g Frischgemüse
- 600 g Frischobst
- 350 g Kartoffeln

(Quelle: Ernährungsbericht 1984)

Wir machen uns ein Bild

Die wenigsten Menschen machen sich klar,
- *wieviel Konserven* sie essen,
  ob im engeren Sinne, eben wirklich aus der Dose,
  oder in Form von Cornflakes, Fruchtsäften und ähnlichen
  Nahrungsmitteln, die eben auch alle nichts anderes als
  Konserven sind, und
- *wiewenig Frischobst* sie essen.

Da kann es ganz aufschlußreich sein, sich mal ein Bild von seinen Ernährungsgewohnheiten zu machen.

So haben Kinder versucht, sich ein Bild zu machen:
Das durchschnittliche deutsche Kind ißt:

Johannes ißt

Steffi ißt

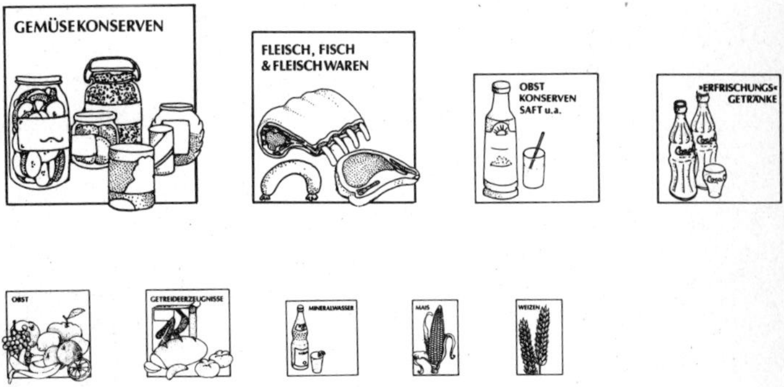

Frank ißt

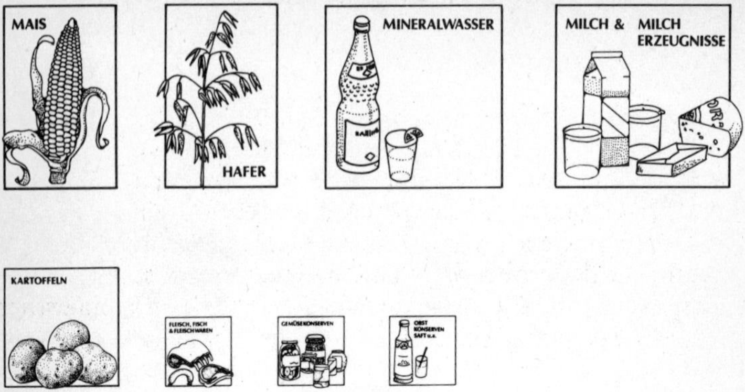

Ganz abgesehen von dem Erkenntniswert, den solche Darstellungen haben, macht es auch einfach Spaß, mit Kindern auf diese Weise an das Thema Ernährung heranzugehen!

Johannes

Johannes ist 9 Jahre alt und wohnt mitten in der Großstadt.

Was heißt das: Wenn er von der Schule heimbummelt, dann kommt er an zwei Kiosks vorbei. Wenn er zum Sport geht, liegt McDonald an seinem Weg. Wenn er um die Ecke einkaufen geht, sieht er vor allem Supermarktregale und bunte Tüten. Und mit seinen 9 Jahren sieht er genau dann fern, wenn schöne, bunte Spots werben für für »kerngesunde« Riegel, für den Brotaufstrich »mit den Bausteinen des Lebens«, für den Joghurt, der »so gehaltvoll wie ein kleines Steak« ist, für den Saft, der »so wichtig wie das tägliche Brot« ist.

Johannes erzählt: »Wir entscheiden immer abwechselnd darüber, was wir essen wollen – und da wünsche ich mir gerade meistens (selbstgemachte) Spaghetti. Mit Ketchup!

Und Wassermelonen, und Glockenäpfel und gelbe Paprika. Gelbe sind wichtig! Keine Roten – die schmecken mir jetzt nicht mehr. Und Grüne mag ich schon gar nicht.

Was ich mag oder nicht mag – das wechselt. Aber nicht nur bei mir! Auch bei meiner Mutter!

Im Moment sind Kartoffeln so ziemlich das Schlimmste für mich. Aber wenn der Wunschtag meiner Mutter dran ist – esse ich ihre heißgeliebten Pellkartoffeln auch mit. Nur nicht so viele. Als Bratkartoffeln finde ich sie herrlich. Oder als Pommes Frites – und dann dazu eine Coca Cola!!! Ich finde es toll, wenn wir mal essen gehen und ich mir so etwas bestellen kann.

Aber ich bin auch nicht so verrückt danach, daß ich so etwas jetzt jeden Tag zuhause essen müßte.

Zuhause macht es mir nichts aus, nur Mineralwasser zu trinken – Hauptsache, es sind die Sorten, die mir schmecken. Saft alleine schmeckt mir viel zu stark. Wenn, dann trinke ich ihn mit viel Wasser verdünnt. Was ich aber rund ums Jahr gern mag, ist unser selbstgemachtes Safteis.

Ein bißchen übertreibt es meine Mutter ja mit ihrer Begeisterung für Vollkorn – aber sie hat wirklich recht: Kekse, Kuchen, Pfannkuchen und manche Brote und Fladen schmecken sogar glatt besser mit Vollkornmehl. Aber bei Spaghetti mag ich es einfach lieber, wenn auch ein wenig Weißmehl dabei ist. Nur die fertigen Hirse- oder Sojanudeln finde ich auch noch ganz gut – vor allem, weil sie so schön hell sind.

Ich finde es ganz gut, daß sich meine Mutter Gedanken macht über Essen – aber sie darf mich nicht damit nerven!! Ich will nicht »vernünftig« essen – ich will zuerst einmal und vor allem dann essen, wenn ich Hunger habe und das essen, was mir schmeckt. Das hört sich vielleicht wild an – ist aber ganz harmlos. Das sieht man ja an dem, wie ich esse und was ich esse.

Es gibt einfach ein paar Dinge, die ich gerne essen will – ob sie nun gesund sind oder nicht – wie beispielsweise Ketchup. Da will ich auch kein »alternatives« Ketchup. Das schmeckt nämlich einfach anders.

Überhaupt, mit »gesundem« Ersatz habe ich nicht viel im Sinn, so wie Sojabuletten oder Nußcreme aus dem Reformhaus. Da will ich lieber was ganz anderes essen – nur Butter aufs Brot oder Gemüse ohne Bulette.

Ich finde es ganz gut, daß meine Mutter mich immer probieren läßt, wenn ich mal irgendwas kaufen will – was die andern so haben oder was im Fernsehen gezeigt wird. Viele von den Sachen schmecken mir dann nämlich gar nicht so gut, wie sie aussehen. Ganz fürchterlich finde ich beispielsweise die Milchschnitte. Und die meisten andern Riegel sind mir auch viel zu süß.

Ich bin überhaupt gar nicht so scharf auf Süßes, wie die Erwachsenen immer so denken – aber wenn's denn da ist, lasse ich es natürlich auch nicht immer liegen!

Wenn ich irgendetwas zusammengekochtes nicht mag, dann nimmt meine Mutter das ganz schön locker. Nur bei Grünzeug ist sie stur – da läßt sie mich immer wieder probieren, bis ich das gefunden habe, was mir wirklich schmeckt...

So sieht Johannes' Grundernährung aus:

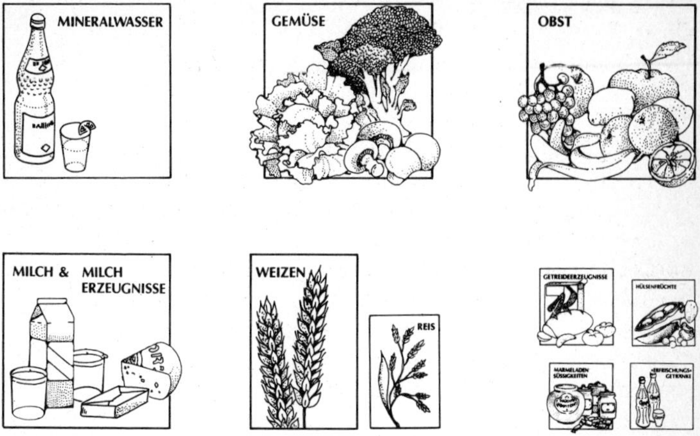

Er ißt in einer Woche hauptsächlich:

- 3 l Milchprodukte (vor allem Vollmilch + Joghurt)
- 200 g Fleisch und Fleischprodukte
- 1200 g Getreide (vor allem Weizen, Hirse, Reis)
- 200 g Weißmehlprodukte
- 200 g Hülsenfrüchte
- 3 kg Obst
- 2,5 kg Gemüse
- 3,5 l Mineralwasser
- 0,3 l »Erfrischungs«getränke
- 100 g Nußcreme und Süßigkeiten

Und als Begleitung aller Mahlzeiten – zum Kauen und Lückenfüllen – stehen immer Fladenbrot und Brötchen auf dem Tisch – um sie pur oder mit Butter oder Dukkah zu essen. Und genau so wichtig sind die kleinen Dinge, die in der Küche so rumliegen – Kekse, Früchtebrot, Nüsse, Trockenobst – immer in Erwartung eines kleinen Hungers zwischendurch.

Unsere »Eßfahrpläne« sind in ihren Einzelheiten immer wieder anders – *ziemlich fest halten wir uns aber an ein bestimmtes Schema:*

- Zu Beginn jeder Mahlzeit essen wir Gemüse- oder Obstfrischkost: Oft genug ist das ganz einfach die jahreszeitabhängige Frischkost, in handliche Stücke geschnitten.

Obst- und Rohgemüse nach Jahreszeit – die Favoriten von Johannes:

Frühling	Sommer	Herbst	Winter
Paprika Zucchini italienische Flaschen-tomaten und Kirschtomaten	Gurke Erbsen (frisch) Kohlrabi Freiland-Tomaten	Balkon-Tomaten Gurke Paprika	Avocado Paprika (Tomaten)
Glockenapfel Idaredapfel Apfelsine Klarapfel	Johannisbeeren Melonen Himbeeren Pflaumen Balkonerdbeeren	Brombeeren Hagebutten Aprikosen Kiwis	Boskoopapfel Mandarine Berlepschapfel

- Nach dem Frischkostgang folgt dann mit ziemlich stetiger Regelmäßigkeit der Getreide- (und Hülsenfrucht- oder Milchprodukte-) Gang – wobei wir darauf achten, möglichst oft mit den Getreidesorten zu wechseln.

Unsere Fleischeslust hält sich in Grenzen – aber ganz haben wir ihr nicht abgeschworen. Insgesamt ißt Johannes aber kaum mehr als 1 Würstchen oder 1 Dose Sardinen – das sind im Moment seine Favoriten – pro Woche. Nur wenn wir in den Ferien an der See sind – dann essen wir mit viel Genuß so manchen frischen Fisch.

Johannes' Favoriten bei Kochgemüse:

Frühling	Sommer	Herbst	Winter
Zucchini	grüne Bohnen Erbsen	Kartoffel »Sieglinde« Artischoken	Kartoffel »Sieglinde« Rosenkohl

Man sieht – Johannes hat nicht viel im Sinn mit Kochgemüse. Und mir solls recht sein – weil ich auch viel lieber Salat esse. Bei Kartoffeln ist er ganz besonders eigen: Er mag nur die Sorte »Sieglinde«. Aber nicht etwa irgendeine »Sieglinde« – und schon gar nicht die »Sieglinde«, die als Frühkartoffel aus Italien zu uns kommt. Die schmeckt ihm – und mir – viel zu wässrig. Er mag nur die »Sieglinde« aus Norddeutschland – und er hat recht damit! Denn Kartoffelqualität und -geschmack hängen oft viel weniger von der Sorte ab als vom Boden, auf dem sie gewachsen sind. Bei Spargel beispielsweise sind sich die Feinschmecker sehr einig, daß ein guter Spargel nur aus Sandboden kommen kann – aber bei unseren Kartoffeln achtet keiner mehr auf solche Feinheiten! Was wir alle Tage essen, das wird ziemlich achtlos eingekauft!

Eine Frühlings-Speisekarte

Morgens

Milch mit Ovomaltine

In der grossen Pause

Hirseplätzchen

Mittags

Bohnen-Apfelsalat

Maispürree

Nachmittags

Apfelviertel

+ Nüße

Abends

Ingwerreis

Eine Sommer-Speisekarte

Morgens

Milch mit Ovomaltine

In der grossen Pause

Körnerkugeln

Mittags

Gemüsedip

Backkartoffeln

Nachmittags

Erdbeerspeise

Abends

Buchweizensalat

Eine Herbst-Speisekarte

Morgens

Milch mit Ovomaltine

In der grossen Pause

Bananenkuchen

Mittags

Beerenkaltschale

Buchweizenpfankuchen

Nachmittags

Safteis

Abends

Holundersuppe mit Klössen

Eine Winter-Speisekarte

Morgens

Milch mit Ovomaltine

In der grossen Pause

Kürbiskuchen

Mittags

Paprika

Avocado

Körnerklösse

Nachmittags

Kokosnusskuchen

Abends

Apfelsine

Hirsepudding

Backen war und ist Johannes' Lieblingsarbeit in der Küche. Als er kleiner war – da wollte er am liebsten stundenlang kneten und formen. Heute will er lieber recht schnell das Ergebnis seiner Mühen in den Mund schieben – deshalb backt er auch besonders gern die Sonnenblumenkekse und die Schnellen Brötchen.

Sonnenblumenkekse

1 Tasse Mehl, halb Getreide, halb Soja
1 Tasse Mandeln, gemahlen
1 Tasse Sonnenblumenkerne
½ Tasse Kokosnuß, frisch gerieben
1 Tasse Orangensaft
1 Ei, Eiweiß als Schnee
2 Eßlöffel Honig

Alles miteinander verrühren, Eischnee vorsichtig unterheben, mit einem Eßlöffel kleine Häufchen auf ein Backblech setzen und bei mittlerer Hitze 15 Minuten backen.

Schnelle Brötchen

1 Paket Quark (250 g)
2,5 Tassen Weizen, fein gemahlen
1 Ei, 2 Eßlöffel Öl
2 Teelöffel Backpulver, ½ Teelöffel Salz

Quark, Ei, Öl und Salz gut miteinander verrühren. Mehl und Backpulver dazugeben und zu einem glatten Teig verkneten. Eine Rolle formen, in 16 Teile zerschneiden, aufs Blech legen und bei mittlerer Hitze rund 20 Minuten backen. Man kann die Brötchen auch sehr schön mit Rosinen oder Sonnenblumenkernen »verbessern«.

Buttermilchbrötchen

500 g Weizenvollkornmehl
ungefähr 3 Tassen warme Buttermilch
1 Würfel Frischhefe
1 Teelöffel Salz, frisch gemahlene Gewürze
(Koriander, Anis...)

Hefe in einer Schüssel zerkrümeln, etwas Flüssigkeit zugeben und umrühren, bis sich die Hefe gelöst hat. Den Rest der Milch und die Gewürze zugeben. Das Mehl nach und nach einarbeiten. Den Teig mit gleichmäßigen Bewegungen zäh und glänzend kneten. Er ist fertig, wenn er nicht mehr am Schüsselrand klebt bzw. nach ungefähr 10 Minuten die Schüssel bedecken und rund 15 Minuten an einem mäßig warmen, zugfreien Ort gehen lassen – bis er ungefähr doppelt so groß geworden ist. Noch einmal durchkneten, dann kleine Brötchen formen, diese aufs Backblech legen, nochmals 10 Minuten gehen lassen und bei mittlerer Hitze etwa 15 Minuten backen.

Nußbrötchen

3 Tassen Weizen, mehlfein gemahlen
1 Tasse Nüsse, gerieben
½ Tasse Nüsse, grob gehackt
100 g Butter, zerlassen
ungefähr 3 Tassen Milch und Wasser
1 Teelöffel Salz, frisch gemahlene Gewürze (Koriander, Anis...)

Einen Hefeteig wie oben angegeben zubereiten. Butter und Nüsse erst nach dem ersten Gehen einarbeiten. Formen und backen wie oben.

An sich bäckt Johannes gar nicht gerne ganze Kuchen – der Kürbiskuchen schmeckt ihm aber so gut, daß er im Herbst – wenn bei uns der Kürbis reif ist – immer wieder daran erinnert: »Wir müssen Kürbiskuchen backen«, und dann gleich fast ein Dutzend mitbäckt – von denen wir dann die meisten als Wintervorrat einfrieren.

Kürbiskuchen

3 Tassen Kürbis, gerieben
2 Tassen Weizen, mehlfein gemahlen
1 Tasse Nüsse, gemahlen (können auch mehr sein!)
3 Eier, Eiweiß als Schnee
Saft von 1 Zitrone
1–2 Eßlöffel Honig

Alles gründlich miteinander verrühren, Eischnee vorsichtig unterheben, in einer Kastenform bei mittlerer Hitze ungefähr 45 Minuten backen.

Pfannkuchen sind ein uraltes Getreidegericht und werden weltweit gegessen. Nur ist der typisch deutsche Eierpfannkuchen zu einem Luxuspfannkuchen entartet – mit viel weißem Mehl, viel Zucker und vielen Eiern.

Johannes Lieblingspfannkuchen ist zwar auch nicht gerade so karg wie bei Radha oder Lisa – aber doch viel bekömmlicher als unsere üblichen dicken, fetten Pfannekuchen.

Pfannkuchen

1½ Tasse Getreide – gleich welches, frisch gemahlen
½ Tasse Sojamehl
2 Tassen Mineralwasser
½ Tasse Salz

miteinander verrühren und 2–3 Stunden stehen lassen.
(Morgens anmischen, mittags backen!)
Dann hinzugeben:
2 Eier und ½ Tasse Nüsse, gerieben
Alles miteinander gut verschlagen, eventuell noch mehr Wasser zufügen, damit die Pfannkuchen schön dünn werden.
Auf diesen Pfannkuchen verteilen wir am liebsten:
1 Eßlöffel Nußmus (ungesüßt), 1 Eßlöffel Nüsse, gerieben, 1 gestrichenen Teelöffel Zucker. Dann rollen wir sie auf und essen sie direkt aus der Hand.

Eine ganz neue Liebhaberei bei Johannes sind selbstgemachte Puddings…
… vorneweg der gute, alte Wackelpudding
– mal fertig aus der Tüte und schön ungesund – aber genauso gern in einer gesunden Variante (wichtig ist ganz einfach die *Wahlfreiheit* zwischen den beiden Möglichkeiten!)

Saft-Wackelpudding (aus frisch gepreßten Säften)

– im Frühling: Melonensaft und Saft von 1 Zitrone
– im Sommer und Herbst: Apfelsaft
– im Winter: Orangensaft
½ l Saft
1 Paket gemahlene Gelatine

Gelatine mit 5 Eßlöffel Wasser anrühren, 10 Minuten quellen lassen und dann noch etwas erwärmen, damit sie sich wirklich ganz auflöst. Lauwarm dem Saft zufügen und gründlich durchrühren. In einer Schüssel ist der Pudding nach einigen Stunden im Kühlschrank wackelfest. Johannes ißt ihn dann am liebsten in einem See von flüssiger Sahne.

Ebenfalls mit viel Sahne mag er den

Schokoladenpudding

1 Tasse Weizen oder Buchweizen, fein gemahlen
1 Tasse Mandeln, gemahlen
1 Tasse Sahne (oder mehr!)
2 Tassen Wasser
1 gehäufter Eßlöffel Kakao
3 Eßlöffel Honig, Vanille

Mehl und Kakao in wenig Wasser anrühren. Das übrige Wasser erwärmen, die Masse einrühren und unter Rühren zum Kochen bringen. Rund 5 Minuten kochen und dann ausquellen lassen. Unter den kalten Brei Honig, Vanille und Mandeln rühren. Die steifgeschlagene Sahne vorsichtig unterziehen und sofort servieren.

Diese Beerenspeise essen wir an heißen Sommertagen – zusammen mit gebuttertem Fladenbrot

Erdbeerspeise

500 g Erdbeeren, püriert
½ Becher Sahne, geschlagen
1–2 Eiweiss als Schnee
Saft von 1 Zitrone
1 gehäufter Eßlöffel Zucker, Vanille
2 Päckchen gemahlene Gelatine

Gelatine mit etwas kaltem Wasser anrühren und quellen lassen. Nach 10 Minuten auch noch etwas erwärmen, damit sich die Gelatine wirklich gut auflöst.

Erdbeerpüree mit Zucker, Vanille und Zitronensaft verrühren, Gelatine zugeben. Rund 30 Minuten kalt stellen, dann erst die steifgeschlagene Sahne unterrühren und zum Schluß den Eischnee vorsichtig unterheben.

In einer Schüssel 3–4 Stunden kalt stellen. Besonders hübsch sieht der Pudding natürlich aus, wenn man ihn in eine hübsche Puddingform füllt und gestürzt serviert (läßt sich besser stürzen, wenn man die Form vorher kurz in heißes Wasser taucht)

So richtig gut schmecken Erdbeeren eigentlich nur sonnenwarm, frisch vom Busch. Wer sie so nicht kennt, hat wirklich was versäumt. Auch für Stadtkinder ist diese Erfahrung übrigens möglich. Erstens werden Erdbeeren von Plantagen zum Selbstpflükken angeboten. Außerdem kann man ja auch vielleicht mal Nachbarn fragen, die einen Schrebergarten haben – und dann gibt's schließlich auch noch die Erdbeeren, die man im Balkonkasten ziehen kann. Die sind zwar klein – aber sie schmecken fast wie Walderdbeeren.

Zuchterdbeeren, die man im Geschäft kaufen kann, waren lange Zeit nur groß und schön – inzwischen gibt es aber auch schon ab und an, vor allem auf dem Markt, Erdbeeren die wirklich nach was schmecken. Nur leider – kaum sind sie gewaschen – ist schon das meiste Aroma dahin. Hier tut zwar eine kleine Menge Zucker wirklich Gutes – aber so aromatisch wie frisch gepflückt werden sie nie wieder.

Aber dennoch sollte man die Gelegenheit nutzen, recht viel Erdbeeren zu essen, wenn »Erdbeerzeit« ist, und sie auf dem Markt billig angeboten werden – damit man dann nicht Weihnachten auf die verrückte Idee kommt, man müsse unbedingt die teuren Erdbeeren aus Kenia essen.

Der Joghurt (das Wort ist türkischen Ursprungs jau-urt = dicke Milch) ist die uralte Nationalspeise der Nomadenvölker Südosteuropas und Vorderasiens. Die klassischen Joghurtzubereitungen waren fast immer herb-würzig, und der Joghurt wurde nicht als Nachtisch sondern zum Hauptgang verzehrt – als frisches, bekömmliches Gegengewicht zu schwereren und schärferen Speisen.

Die meisten bei uns angebotenen Joghurts haben wenig mit der Qualität und der Gesundheitswirkung dieser Sauermilchprodukte zu tun. Sie sind bessere Puddings und bestehen zu einem großen Teil aus Zusätzen, die unserer Gesundheit alles andere als zuträglich sind – als da sind Dickungsmittel, Marmeladen, Konservierungsmittel, Zucker...

Eine Alternative dazu sind

- selbsthergestellte Joghurts.
- Die wenigen fertigen *Vollmilch*joghurts, die aus nichts als Joghurt bestehen und die man dann nach eigenem Geschmack abwandeln und zubereiten kann.

Johannes ißt seine Joghurts auch nicht unbedingt am Ende der Mahlzeit, sondern nimmt gerne mal hier, mal da einen Löffel zwischendurch.

Er schätzt aber doch am meisten die süßen Zubereitungen. Sein mit Abstand beliebtester Joghurt ist:

Nuß-Joghurt

1 Becher Joghurt (150g)
1 Teelöffel Nußmus (ungesüßt)
1 gehäufter Teelöffel Nüsse, gerieben
1 gestrichener Teelöffel Zucker

Dieser Joghurt ist zwar nicht zuckerfrei – aber in einem gekauften Nuß- oder Fruchtjoghurt können bis zu *sechs* Teelöffel Zucker stecken – und von den Nüssen und den Früchten fast nur das künstliche Aroma!

Fast alle fertigen Riegel »für den kleinen Hunger zwischendurch« sind Johannes zu süß – weitaus mehr schätzt er selbstgemachte Fruchtschnitten und Nuß-Kugeln. Die zwei nachfolgenden Sorten macht er manchmal selber – noch lieber hat er es allerdings, wenn sie schon fertig rumstehen – immer griffbereit:

Kakao-Kugeln

2 Tassen feine Flocken (Hafer oder Hirse)
1 Tasse grobe Flocken
1 Becher Sahne
3 Eßlöffel Sirup
1 Eßlöffel Kakao, etwas Vanille

Herrlich schmecken sie auch mit 1 Eßlöffel Kaffee – aber dann lieber nur als Geschenk für Erwachsene)

Alles gut miteinander verrühren, bis eine gleichmäßig braune Masse entstanden ist. Gut ½ Stunde stehen lassen, bis die Flocken die Feuchtigkeit aufgesogen haben. Kugeln formen und an der Luft trocknen lassen.

Körner-Kugeln

2 Teelöffel Weizen, grob geschrotet (oder auch Haferflocken)
3 Eßlöffel Haselnußmus
1 Eßlöffel Honig
Salz, Zimt (oder Ingwer), Muskat

Erst Gewürze, Mus und Honig gut miteinander verrühren, dann Schrot oder Flocken und eventuell noch etwas Sahne zugeben. Gut verkneten, Kugeln formen und trocknen lassen.

Salate mit Soße sind nicht unbedingt Johannes' Lieblingsspeisen – aber er schnippelt gerne die Zutaten für einen Salat und rührt ihn gerne an:

Weizensalat

2 Tassen Weizengrütze, gegart und abgekühlt
2 Äpfel, 1 Kohlrabi, 1 kleine Salatgurke – alles gewürfelt

Tofu-Salat

175 g Tofu, fein gewürfelt
2 Karotten gerieben
1 knappe Tasse Sultaninen
Sauce: Zitronensaft/Öl/Sojasauce/
Zucker/Salz//Pfeffer

Gut durchziehen lassen!

Buchweizensalat

2 Tassen Buchweizengrütze, gegart und abgekühlt
1 Apfel und 1 Birne, kleingeschnitten
2 Pfirsichhälften, kleingeschnitten
Rosinen und Nüsse, gehackt
Sauce für beide Salate:
Saft von 1 Zitrone
4 Eßlöffel Öl, ½ Teelöffel Zucker
2 Prisen Salz und etwas Pfeffer

Bohnensprossen-Salat

350 g Weißkohl, fein geschnitten und gestampft
2–3 Tasse Bohnensprossen
3 Ananasscheiben, fein geschnitten
Sauce: Zitronensaft/Öl/Zucker/Salz/Pfeffer

Aus Bohnen kann man nicht nur Bohnen-Eintöpfe machen, sondern auch ganz herrliche Salate. Bei Salat legen wir auch immer besonders viel Wert auf »hübsche« Bohnen – wie Kidneybohnen oder Schwarzaugenbohnen:

Bohnensalat mit Apfel und Rote Beete

2 Tassen Bohnen, gekocht und abgekühlt
1 Apfel fein gewürfelt
1 Rote Beete
Sauce: Zitronensaft/Öl/Honig/Salz/Pfeffer

Bohnensalat mit Champignons

1 Tasse Bohnen, gekocht und abgekühlt
2 Tassen Champignons, fein geschnitten
(Knoblauch) und Koriander
Sauce: Zitrone/Öl/Salz/Pfeffer

Champignons mit dem Koriander kurz andünsten und abgekühlt mit den übrigen Zutaten vermengen.

Bohnensalat mit Paprika

2 Tassen Bohnen, gekocht und abgekühlt
1 Apfel und 1 rote Paprika, fein gewürfelt
Sauce: 1 Becher saure Sahne und Saft 1 Zitrone
Honig, Salz, Paprika edelsüß

Mit Dukkah bestreut bekommt jeder dieser Salate seine besondere Prise Exotik – und mit einem Butterbrot zusammen ist jeder von ihnen ein vollwertiges und erfrischendes Sommer-Mittagessen.

Bohnensalat mit Kräutern

2 Tassen Bohnen, gekocht und abgekühlt
mindestens 3 Eßlöffel frische Kräuter, feingehackt
Sauce: Zitrone/Öl/Senf/Salz/Pfeffer

Bei diesem Salat sehen helle Bohnen besonders gut aus!

Literatur

Bircher, R.
Wandelnde Leguminosen
(Der Wendepunkt, 10/1969)
Bommer, L. + S.
Die Ernährung der Griechen und Römer
(Planegg, 1943)
Braumann, Randolph
Afrika wird totgefüttert
Hamburg 1986
Brothwell, P. + D.
Manna und Hirse
(Mainz, 1984)
Brown, L. R.
Food or Fuel: New Competition for the World's Cropland
(Worldwatch Paper 35, Washington, März 1980)
Datta, A.
Welthandel – Welthunger
(München, 1984)
Deutsche Gesellschaft für Ernährung (DGE)
Ernährungsbericht 1984
(Frankfurt, 1984)
Food and Agriculture Organisation of the United Nations (FAO)
Agriculture towards 2000
(Rom 1981)
FAO
FAO Production Yearbook
(Rom 1982)
FAO
World Food Report
(Rom 1984)
Gabel et. al.
Gift auf dem Tisch
(Herford 1973)
Giles, D.
Singing Valleys
(New York 1940)
Görike/Reimann
Treibstoff statt Nahrungsmittel
(Reinbek, 1982)
Grosch/Schuster
Der Biokost-Report
(München 1985
Gröteke, F.
Bleifrei mit Weizen
(Die Zeit, 18. 10. 85)

Grosser, A. E.
The Cookbook Decoder
(New York, 1981)
Heischklel-Artlet
Ernährung und Ernährungslehre im 19. Jh.
(Göttingen, 1976)
Holenstein, A.-M.
Zerstörung durch Überfluss
(Basel, 1977)
Hoppe, M.
Cadmium in Kinderhaaren
(Die Zeit, 4.7.86)
Jacob, H. E.
6000 Jahre Brot
(Hamburg, 1954)
Ki-Zerbo, J.
Histoire de L'Afrique Noire
(Paris, 1978)
Klingholz, R.
Die Wiege der Menschheit
(Zeit-Magazine März–April 1986)
Krätzig, Th.
Brasilien: Bioalkohol für Autos
Schnapsidee oder Schuldenbremse
(Bild der Wissenschaft, Februar 1986)
Maurizio, A.
Die Getreidenahrung im Wandel der Zeiten
(Zürich 1916)
Mooney, P. R.
Saat-Multis und Welthunger
(Reinbek, 1981)
Otzen, H.
Müssen wir verhungern?
Überfluß der Industriegesellschaft – Elend der 4. Welt
(Hannover, 1984)
Schneider, B.
Die Revolution der Barfüßigen
(Wien-Münschen-Zürich, 1986)
Steffen, M.
Landwirtschaft bei den altamerikanischen Kulturvölkern
(Leipzig, 1923)
Verbraucher-Zentrale Niedersachsen e.V.
Alles was süß macht
(Hannover 1985)
Weiss, R.
Die Frauen von Zimbabwe
(München, 1983)

Eine Frühlings-Speisekarte
Morgens
In der großen Pause
Mittags
Nachmittags
Abends

Eine Herbst-Speisekarte
Morgens
In der großen Pause
Mittags
Nachmittags
Abends

Eine Winter-Speisekarte
Morgens
In der großen Pause
Mittags
Nachmittags
Abends

Sibylle Jargstorf
BROTAUFSTRICHE
Eine Sammlung delikater, vorwiegend vegetarischer Rezepte zum Selbermachen von Pasteten, Marinaden, Chutneys, Cremes, Kräuterbutter u.a.
Da weiß man, was man ißt.

160 Seiten
DM 14,80
ISBN 3-924624-13-5

Bekanntlich gibt es in unserem Land die meisten Brotsorten der Welt. Kompensieren wir mit diesem Reichtum an Brot die Armut der Beläge, das fade Einerlei des Wurst-, Käse- und Marmelade-Alltags?
Warum wird nicht längst ebensoviel Zeit dem Erfinden von Aufstrichen gewidmet, wie dem Austüfteln neuer Brote? Warum gibt es auf ein Dutzend Brotbackbücher nicht ein einziges (bislang!) Buch über Brotbeläge? Sibylle Jargstorf, die sich seit vielen Jahren mit Ernährungswissenschaft befaßt hat, legt hier eine delikate und vollwertige Sammlung von Rezepten vor, mit denen sich wohl-schmeckende Cremes, Pasteten, Muse, Kräuterbutter, Marinaden u.a. zaubern lassen. Es dürfte manchen verblüffen, was sich aus einfachsten Zutaten an preiswerten und wohlschmeckenden Brotbelägen und Beigaben selbst herstellen läßt. Obwohl, aus gutem Grund, die meisten Rezepte vegetarisch ausgerichtet sind, finden sich auch einige für die, denen die Wurst nicht Wurst ist. Die Autorin gibt dem Interessierten Gelegenheit, selbst weiter zu experimentieren und neue Brotaufstriche zu kreieren, wenn man ihre Rezepte ausprobiert hat. Da weiß man, was man ißt, und wem läuft nicht das Wasser im Munde zusammen beim Anblick von Avocado-Tomatencreme, Cashewmus mit Apfelsinenschalen, Knoblauchbutter u.v.a.

Annegret Willig
VOLLWERTKOST IM JAHRESLAUF
Gesunde Ernährung in Harmonie mit dem Rhythmus der Natur

144 Seiten
DM 14,80
illustriert
ISBN 3-924624-42-9

Ernährung ist *mehr* als den Magen füllen. Hier wird also nicht der Vielzahl von Vollwertkochbüchern — die es erfreulicherweise schon gibt — noch ein weiteres hinzugefügt, sondern es wird eben auch dieses *Mehr* vermittelt.
Das sind Hintergründe über Anbaumethoden, ein wenig Ernährungsphysiologie und die immer aktueller werdende Schadstoff- und Rückstandssituation bei allen Lebensmitteln (auch den biologisch-organisch angebauten). Ohne Panikmache wird darauf hingewiesen, was und daß jeder etwas tun kann, um gesünder zu essen.
Die Natur hat ihren eigenen Rhythmus, der Mensch sollte zur rechten Zeit die richtige Wahl treffen, um sich den Jahreszeiten und den eigenen Lebensumständen entsprechend zu ernähren. Im Hinblick auf die jüngste, langfristig wirkende Katastrophe mit radioaktiver Bestrahlung hat die kritische Auswahl von Lebensmitteln eine besondere Bedeutung, auf die von der Autorin eingegangen wird.
Durch ihre Tätigkeit als Gesundheitsberaterin weiß Annegret Willig, wie wichtig es ist, Qualitätsnormen und Gesundheitswerte zu durchleuchten und auf ernährungsbedingte Krankheiten hinzuweisen, damit Essen zu einem lebenserhaltenden und nicht lebensfeindlichen Vorgang wird.
Aufgelockert durch einfache und schmackhafte Rezepte, werden Hintergrundinformationen vermittelt, die eine Voraussetzung dafür sind, gesunde und vollwertige Menüs zu jeder Jahreszeit auf den Tisch zu bringen.
Aus dem Inhalt: „Schadstoff- und Rückstandssituation", „neuzeitliche Ernährungslehre", ernährungsbedingte Krankheiten, Ökologischer Landbau, Gift in der Nahrung, Radioaktivität, Gemüse: Geschichtliches und Inhaltstoffe, Zutaten und Zubereitung von Rezepten. . .

Paulus Johannes Lehmann
NATURKLEIDUNG
Baumwolle, Wolle, Seide. . .
Enthüllungen über Stoffliches
und Fein-Stoffliches

128 Seiten
illustriert
DM 12,80
ISBN 3-924624-28-3

Wenn wir uns die Wetter-und Temperaturbedingungen in unseren Breitengraden bewußt machen, werden wir feststellen: Ohne Kleidung geht es fast nicht. Und mit Kleidung? Die Möglichkeiten, sich mit den verschiedensten Materialien zu bekleiden, reichen von der reinen Naturfaser bis zum hundertprozentigen Synthetikstoff.
Unser Körper ist von einem Energiefeld umgeben; diese feinstofflichen Schwingungen, die für unser gesamtes Wohlbefinden mitbestimmend sind, können durch das Material unserer Kleidung aktiviert, aber auch blockiert werden.
Stoffliche und feinstoffliche Aspekte von Seide und Wolle, Baumwolle, Leinen, Ramie, Torffaser und Kunstfasermaterialien verschiedensten Ursprungs werden ausführlich beschrieben.
Aufbauend auf in jahrelanger Arbeit gesammelter Erfahrung, gibt der Autor Hinweise zur kritischen Auswahl von Textilien. Außerdem weist er auf die Möglichkeiten hin, eine dem eigenen Typ entsprechende naturgemäße Kleidung zu finden. Denn ob wir uns in unserer »zweiten Haut« wohlfühlen, hängt weitgehend von den Stoffen ab, mit denen wir uns bekleiden.